Triathlon für Frauen – Einstieg und olympische Distanz

Ironman Edition

Triathlon für Frauen

Einstieg und olympische Distanz

Der Trainingsbegleiter bis zum ersten Wettkampf

Penker & Aschwer

Meyer & Meyer Verlag

Ironman and M-dot are registered trademarks
of World Triathlon Corporation

Triathlontraining für Frauen – Einstieg und olympische Distanz

Bibliografische Information der Deutschen Bibliothek
Die Deutsche Bibliothek verzeichnet diese Publikation in der Deutschen
Nationalbibliografie; detaillierte bibliografische Details sind im Internet über
<http://dnb.ddb.de> abrufbar.

Alle Rechte, insbesondere das Recht der Vervielfältigung und Verbreitung sowie das Recht der Übersetzung, vorbehalten. Kein Teil des Werkes darf in irgendeiner Form – durch Fotokopie, Mikrofilm oder ein anderes Verfahren – ohne schriftliche Genehmigung des Verlages reproduziert oder unter Verwendung elektronischer Systeme verarbeitet, gespeichert, vervielfältigt oder verbreitet werden.

© 2007 by Meyer & Meyer Verlag, Aachen
Adelaide, Auckland, Budapest, Graz, Indianapolis, Johannesburg, New York,
Olten (CH), Oxford, Singapore, Toronto
Member of the World
Sport Publishers' Association (WSPA)
Druck und Bindung: B.O.S.S Druck und Medien GmbH
ISBN 978-3-89899-277-0
www.dersportverlag.de
E-Mail: verlag@m-m-sports.com

Inhalt

Vorwort von Univ.-Prof. Dr. August Fenk 7
Vorwort von Prof. Georg Kroeger 7

1 Einleitung 9
2 Frauen sind anders 11
   2.1 Die physischen Unterschiede zwischen Frauen und Männern 13
   2.2 Frauen im Ausdauersport – ein kurzer historischer Rückblick 14
   2.3 Frauen sind Ausdauerwunder 15
   2.4 Frauen, Sport und Schwangerschaft 18
   2.5 Interview mit Dr. Meike Hoffmeister und dem
        Gynäkologen Andreas Portmann 21

3 Die „vier" Disziplinen im Triathlon .25
   3.1 Die erste Disziplin – Schwimmen als „Vorspeise" 28
   3.2 Die zweite Disziplin – Radfahren als „Hauptmenü" 29
   3.3 Die dritte Disziplin – Laufen als „Dessert" 31
   3.4 Die vierte Disziplin – Wechsel als „Zwischengang" 32

4 Das Triathlontraining 33
   4.1 Training für die Jeder-Frau-Triathlondistanz 34
       4.1.1 Trainingsmonat April 36
       4.1.2 Trainingsmonat Mai 40
       4.1.3 Trainingsmonat Juni 44
       4.1.4 Trainingsmonat Juli 48
       4.1.5 Mein Triathlontag 51
       4.1.6 Trainingsmonat August 54
   4.2 Training für die olympische Distanz 57
       4.2.1 Typische Trainingsfehler 59
       4.2.2 Herausforderung: olympischer Triathlon 60
       4.2.3 Hilfreiche Trainingsgröße: Die Herzfrequenz (HF) 62
       4.2.4 Weitere Trainingshinweise für das Schwimmen 66
       4.2.5 Weitere Trainingshinweise für das Radfahren 73
       4.2.6 Radtraining im Vorbereitungszeitraum 76
       4.2.7 Weitere Trainingshinweise für das Laufen 83
       4.2.8 Weitere Trainingshinweise für den Wechsel 89
       4.2.9 12 Wochen bis zum olympischen Triathlon 90

4.3 Training für ambitionierte Triathletinnen 92
    4.3.1 Die Jahresplanung 93
    4.3.2 Das ganzjährige Training 95
4.4 Das Training während der Menstruation 103
4.5 Kräftigung 104
4.6 Dehnung/Stretching 110
4.7 Regeneration 116
4.8 Übertraining und Verletzungen 120
4.9 Erfolgskontrolle 124
    4.9.1 Subjektives Gefühl 124
    4.9.2 Pulsveränderungen 124
    4.9.3 Veränderungen des BMI-Werts 125
    4.9.4 Verringerung des eigenen Körperfettanteils 126
    4.9.5 Ausdauertest nach Cooper .128
    4.9.6 Verbesserung der Schwimm-, Lauf- und Radzeiten 129
    4.9.7 Belastungs-EKG 129
    4.9.8 Vorzüge einer Erfolgskontrolle 130

5 Die Ernährung 131
5.1 Die richtige Ernährung hilft 132
5.2 Die richtige Flüssigkeitsaufnahme .136
5.3 Essen vor dem Training 138
5.4 Trinken und Essen nach dem Training 138
5.5 Genussmittel 138
5.6 Ausgewogene Ernährung für Triathletinnen 140
5.7 Anorexia athletica (Sportmagersucht) 141

6 Erstaunliche Motivationsunterschiede zwischen Frauen und Männern 143
6.1 Die Sporteinstiegs- und Sportfortführungsmotive 144
6.2 Wie unterscheiden sich Frauen und Männer in ihren Motiven? . .147
    6.2.1 Die Attraktivitätsmotive 147
    6.2.2 Die Befindlichkeitsmotive .149
    6.2.3 Die Gesundheitsmotive 151
    6.2.4 Die Sinn- und Selbstverwirklichungsmotive 154
    6.2.5 Die Sozialmotive 156

7 Wie geht es weiter? 159

Anhang 160
1   Weiterführende Literatur 160
2   Foto-/Bildnachweis 160

Vorwort von Univ.-Prof. Dr. August Fenk

Ein Sportbuch, welches sich ganz speziell an Frauen wendet, ist sicher nichts Alltägliches. In Teilen basiert es auf Erkenntnissen, welche die Triathletin Marlies Penker im Rahmen ihrer Dissertation über diesen Sport gewinnen konnte. Als Betreuer dieser ausgezeichnet beurteilten Dissertation fand ich wieder einmal bestätigt: Wer im Sport „Biss" und Ausdauer entwickelt, mobilisiert dieses Potenzial auch in anderen Lebensbereichen. „Biss" und Ausdauer genügen aber weder da noch dort, man ist immer auch auf einschlägiges Know-how angewiesen. Der vorliegende Band vermittelt Know-how für ein effizientes Training samt allem, was dazugehört, von der richtigen Ernährung bis zur Erfolgskontrolle. Aktive Triathletinnen werden daraus ihren Nutzen ziehen. Dem Buch ist aber auch zu wünschen, dass es Neueinsteigerinnen für diesen Sport begeistert, der im Grunde vier Disziplinen in sich vereint und bei dem die Frauen gleichberechtigt mit den Männern über dieselben Distanzen starten.

Vorwort von Prof. Georg Kroeger

In kaum einem Bereich des Lebens gibt es so viele Meinungen wie zum Thema „Frauen und Männer". Hartnäckig halten sich Vorurteile, Missverständnisse und Halbwahrheiten über geschlechtsspezifische Verhaltensweisen, insbesondere auch im sportlichen Segment.

Werfen wir einen Blick zurück auf den Ursprung des Triathlons 1978 auf Hawaii – geadelt mit dem Titel IRONMAN –, noch völlig unbemerkt von der Weltöffentlichkeit.

Ein Paradoxon der Sportgeschichte: Der IRONMAN zog durch eine Fernsehübertragung 1982 mit zwei Frauen, Julie Moss und Kathleen McCartney, weltweit große Aufmerksamkeit auf sich. Gezeigt wurde ein unglaubliches Sportspektakel, als die beiden Frauen total erschöpft und völlig aufgelöst auf allen vieren über die Ziellinie krochen. Dieses Bild der bis zum Umfallen Kämpfenden hat sich eingeprägt. „Die Verrückten sterben nie aus" – so der damalige TV-Kommentator.

Doch es kam ganz anders: Noch nie zuvor ist in einer so kurzen Zeit aus einer jungen Sportart eine olympische Disziplin geworden, die inzwischen in der Zuschauergunst ganz oben rangiert, auch, weil immer wieder Entzücken ausbricht über die wunderbar definierten Körper der Triathleten und insbesondere der Triathletinnen. Heute kann der Triathlon – zumindest auf den kürzeren Distanzen – als absoluter Breitensport gesehen werden.

Frau Dr. Penker und Herr Dr. Aschwer, beide weit über die Grenzen hinaus bekannte Triathleten, schaffen mit diesem Buch eine ideale Symbiose zwischen Erfahrungswissen und erkenntnistheoretischen Grundlagen – unterfüttert mit wissenschaftlichen Fakten.

Warum ausgerechnet ein Buch für Frauen? Die Antwort erschließt sich aus der umfassenden und spannenden Lektüre. Insbesondere empfehle ich Männern dieses Buch, die mehr über Frauen erfahren wollen.

Prof. Georg Kroeger
IRONMAN 1987, 1988, 1989

1 Einleitung

Der Mensch hat dreierlei Wege, klug zu handeln.
Erstens durch Nachdenken: Das ist der edelste.
Zweitens durch Nachahmen: Das ist der leichteste.
Drittens durch Erfahrung: Das ist der bitterste.

(Konfuzius um 551-479 v. Chr.)

Um Ihnen, liebe Sportlerinnen, den oft bittersten Weg der Erfahrung zu ersparen, folgen hier Tipps und Hinweise, die Sie davor bewahren, alle die Fehler zu machen, die wir beide gemacht haben. Unser Anliegen besteht darin, Sie informierter, gesünder und schneller ins Ziel zu bringen.

Dieses Buch richtet sich vor allem an Frauen, die folgende Triathlondistanzen im Wettbewerb absolvieren möchten:

- Die typische Einsteigerinnendisziplin – die wir als „Jeder-Frau-Triathlondistanz" bezeichnen möchten. Diese erstreckt sich über 500 m Schwimmen, 20 km Radfahren und 5 km Laufen.
- Die olympische Distanz, die auch häufig als Kurzdistanz bezeichnet wird. Diese erstreckt sich über 1.500 m Schwimmen, 40 km Radfahren und 10 km Laufen.

Die Genetik ist dafür verantwortlich, dass sich Frauen von Männern in vielfacher Hinsicht unterscheiden. Dazu finden Sie in Kap. 2.1 zahlreiche Unterschiede. Frauen sind anders, Männer auch. Frauen gelten als „Ausdauerwunder" und sie unterscheiden sich von Männern auch dadurch, dass sie Kinder zur Welt bringen können. Sport und Schwangerschaft lassen sich unter Beachtung bestimmter Grundsätze vereinbaren. Als praktisches Beispiel dazu dient ein Interview mit einer Frau, die bis kurz vor ihrer Niederkunft noch sportlich aktiv war.

In diesem Buch werden die drei Sportarten, die im Triathlon bedeutsam sind, vorgestellt. Zahlreiche Trainings- und Wettkampfhinweise über die Jeder-Frau- sowie über die olympische Distanz sollen Sie bei Ihren Wettkampfvorbereitungen unterstützen. Neben Vorschlägen für eine Ganzjahresplanung stehen auch die wichtigen Aspekte wie Kräftigung, Dehnung, Regeneration und Training während der Menstruation im Mittelpunkt.

Die Leserinnen erfahren auch Wissenswertes über typische Trainingsfehler und welche Utensilien sie für ihren ersten Triathlon benötigen. Die Erfolgskontrolle hilft dabei, die Leistungsfortschritte zu messen und damit die Motivation für das regelmäßige Training zu erhöhen. Ein verbesserter Fitnesszustand zeigt sich durch Pulsveränderungen, eine Verringerung des Körperfettanteils und Veränderungen des BMI-Werts. Diesen Prozess unterstützt auch die richtige Ernährung. So finden Sie entsprechende Tipps und Tricks, wie Sie sich vor und nach dem Training ernähren sollen, um gesund und leistungsfähig zu bleiben und nicht Gefahr laufen, an Sportmagersucht zu erkranken. Abschließend bietet dieses Buch auf der Grundlage einer Studie von Marlies interessante und überraschende Aspekte bezüglich der Motivationsunterschiede zwischen Frauen und Männern.

Aber auch für Männer gibt es Lesenswertes, da sie so mehr über das „schwächere" Geschlecht erfahren und eventuell an der einen oder anderen Stelle etwas mehr Verständnis für sporttreibende Frauen aufbringen.

Um den Lesefluss zu erleichtern, wurde die weibliche Form „Sportlerin" und „Triathletin" gewählt. Es sind selbstverständlich immer beide Geschlechter gemeint.

Wir bitten alle Leser um Verständnis.

2 Frauen sind anders

 Der Sieg gebührt nicht immer den Schnellsten oder den Stärksten ... sondern denen, die durchhalten!

Die Rolle der Frau, die neben dem Beruf, der Familie – oft mit Kindern – dem sonstigen Privatleben auch den Sport in ihr Tages- und Wochenprogramm zu integrieren hat, soll an dieser Stelle besonders hervorgehoben werden. Diese Frauen müssen die Fähigkeiten eines Topmanagers besitzen. Nur so gelingt es, alle Faktoren und Aspekte in angemessener und individueller Form zu berücksichtigen.

Nur ein ganzheitlicher Ansatz führt zum Erfolg!

Bei der sportlichen Betätigung der Triathletinnen kann es nicht allein darum gehen, ein bestimmtes sportliches Ziel (z. B. einen Jeder-Frau-Triathlon in 1:30 h oder einen olympischen Triathlon in 2:30 oder 3:00 h) anzugehen und dieses ohne Rücksicht auf Verluste durchzuziehen. Was nützen Ihnen die tollsten Triathlonergebnisse, wenn Sie dadurch Ihre Familie, Ihr privates oder berufliches Umfeld zerstören? Leider kennt jeder von uns einige Negativbeispiele.

Unsere allgemeine Lösungsformel lautet:

Im Mittelpunkt aller sportlichen Tätigkeiten steht die gesunde Athletin, die neben ihrem Berufsleben, ihrem Privatleben auch noch ein *drittes Leben* führt, eben ihr Sportlerleben. Um dieses angemessen zu realisieren, muss das gesamte Umfeld der Athletin mit in die sportliche Planung und deren Umsetzung einbezogen werden.

Das Umfeld der Triathletin

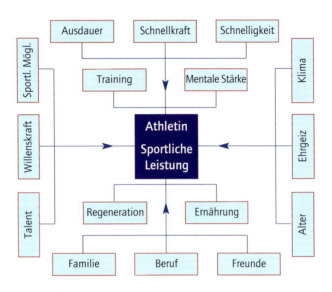

Abb. 1: *Das individuelle Umfeld der Athletin*

Eine Vielzahl von sportlichen und außersportlichen Faktoren übt Einfluss auf die sportliche Leistung einer Triathletin aus. Je mehr leistungsfördernde Bausteine bei Ihnen zusammentreffen, umso besser wird Ihre sportliche Leistung sein.

Unter Berücksichtigung des individuellen Umfelds ist daher das Training zu planen und durchzuführen. Da kein Außenstehender exakt das Umfeld und die sich daraus ergebenden sportlichen Möglichkeiten kennt, ist es sehr schwierig, ja fast unmöglich, für alle Triathletinnen Empfehlungen auszusprechen. Wir wagen es trotzdem und möchten Sie aber ganz dringend bitten, alle Vorschläge, Hinweise und Empfehlungen ernsthaft auf Ihre individuellen, auf Ihre persönlichen Verhältnisse und auf Ihre Möglichkeiten hin zu prüfen. Damit diese nicht in Vergessenheit geraten, werden wir auf Grund der enormen Wichtigkeit dieses Sachverhalts ganz bewusst diese Problematik im Laufe des Buches mehrfach ansprechen.

2.1 Die physischen Unterschiede zwischen Frauen und Männern

Frauen haben im Ausdauersport auf Grund geschlechtsbedingter Unterschiede einige Vorteile:

- Geringere Körpergröße (durchschnittlich 13 cm),
- geringeres Körpergewicht (durchschnittlich 20-25 %),
- geringerer Muskelanteil (Frauen ca. 35 %, Männer ca. 45 %),
- höherer Prozentanteil beim Gesamtkörperfett,
- leichterer Knochenbau,
- höhere Dehnbarkeit der Muskulatur,
- gutes Koordinationsvermögen,
- niedrigerer Energieumsatz sowie
- niedrigerer Blutdruck.

Frauen eignen sich wegen ihrer Konstitution hervorragend für Ausdauersportarten. Sie sind rhythmusbegabter als Männer und sie fühlen sich zu gleichförmigen Sportarten ohne dauernde Rhythmusunterbrechungen hingezogen. Frauen verfügen auch über mehr „aktives" Fett, welches bei Bedarf in Kohlenhydrate umgewandelt werden kann. Das weibliche Geschlecht weist ein günstiges Verhältnis zwischen Herzvolumen und Körpergewicht auf. Frauen eignen sich anlagebedingt besser für Ausdauer- als für Schnellkraftleistungen.

Während Männer mehr mit Kraft trainieren und sich daher bei Tempoeinheiten leichter tun, genießen die Frauen – wie erwähnt – Vorzüge bei den Ausdauereinheiten. Beides sollte im Training angemessen berücksichtigt werden, wobei Einsteigerinnen generell besser mit ruhigem Ausdauertraining fahren und für die konditionelle Verbesserung diese Tempoeinheiten in ihr Training integrieren.

2.2 Frauen im Ausdauersport – ein kurzer historischer Rückblick

Die Ansicht, dass sich Frauen für den Sport hervorragend eignen, wurde zu Beginn des 20. Jahrhunderts noch nicht geteilt. Frauen galten nämlich lange Zeit als „Mängelwesen". Das „schwache" Geschlecht, so war damals die Meinung, verfügt über eine dürftige Muskulatur und über ein breiteres Becken, was sich durch eine X-Bein-Stellung der Beine äußert. Es dauerte lange, bis Frauen an internationalen Laufbewerben teilnehmen durften. Es gab auch kuriose Vorurteile wie jene, dass Sport die Frauen unfruchtbar und zu männlich machen würde.

Ernst van Aaken, der als Pionier des langsamen und langen Laufens gilt, setzte sich bereits in den 60er Jahren stark für den „Frauenlangstreckenlauf" ein. Erst Mitte der 70er Jahre gab es den ersten Marathonlauf mit weiblicher Konkurrenz. 1967 trat Kathrine Schwitzer als „K. Schwitzer aus Syracuse" zum Boston-Marathon an und wählte diesen Namen, um nicht als Frau erkannt und ausgeschlossen zu werden. Als Mann verkleidet, ging sie an den Start und wurde auf der Strecke von einem Kampfrichter enttarnt. Dieser Kampfrichter wurde handgreiflich und wollte Kathrine aus dem Rennen nehmen, aber die Mitläufer duldeten das rüde Eingreifen des Kampfrichters nicht. So beendete Kathrine Schwitzer in 4:20 h den Marathon.

Damit war der Startschuss für den Frauenlauf gefallen, aber der Weg bis zu dem Ziel, dass auch Frauen auf höchster internationaler Ebene einen Marathon laufen durften, war lang. Erst bei den Weltmeisterschaften 1983 in Helsinki war erstmals das weibliche Geschlecht vertreten. Im Jahr 1984, 17 Jahre nach dem ersten Antreten einer Frau bei einem Marathon, wurde diese Disziplin bei Olympischen Spielen ausgetragen.

2.3 Frauen sind Ausdauerwunder

Frauen nähern sich im Ausdauersport den Leistungen der Männer, und je länger die Distanz ist, desto eher kommen Frauen an die Männerbestleistungen heran.

Bei kürzeren Strecken (800, 1.500, 5.000, 10.000 m und 21,1 km) erreichen Frauen ungefähr 90 % der Leistung der Männer. Beim Marathonlauf über 42,195 km kommt das weibliche Geschlecht dem männlichen schon näher: Paula Radcliffe, die am 13. April 2003 in London den Weltrekord über 2:15,25 h lief, erzielte damit über 92 % der Leistung vom Männerweltrekordhalter. Beim 100-km-Lauf ist die Japanerin Tomoe Abe mit 6:33,11 h bis auf 95 % an die Männerweltrekordzeit herangekommen.

Noch extremer verhält es sich mit Leistungen, die von Frauen über Tage hinweg erbracht werden. Im Triathlonbereich gibt es Veranstaltungen, die über die 2-, 3-, 5- und sogar 10fache Ironmandistanz ausgetragen werden. Eine dieser Teilnehmerinnen ist die Deutsche Astrid Benöhr, die als **das** „Ausdauerwunder" gilt und zu den Ausnahmeerscheinungen im Langzeitausdauersport zählt. Sie benötigte im Jahre 1997 für die fünffache Ironmandistanz 74:01,02 h und unterbot damit die bisherige Männerbestzeit um 2:15,36 h.

Mittlerweile hält die Ultradistanztriathletin auch die Weltbestzeit über die 10fache Ironmandistanz von 38 km Schwimmen, 1.800 km Radfahren und 421,95 km Laufen. Die Zeit dafür liegt bei 187:18,37 h, und damit ist Astrid Benöhr um ca. fünf Stunden besser als der schnellste Mann. Mit Sport hat die 1957 geborene dreifache Mutter deshalb angefangen, weil sie mit dem Rauchen aufhören wollte. Zur Zigarette greift sie mittlerweile schon lange nicht mehr, sie ist jener Mensch, der weltweit die meisten Dreifach-Ironman-Distanzen bewältigt hat.

Frauen sind Ausdauerwunder ...
... davon hat Marlies leider bei ihrem ersten Triathlon nichts gespürt!

Die Erinnerungen an meinen ersten Kurzdistanztriathlon sind etwas kurios: Ich hatte damals keine Ausrüstung und vor allem keine Ahnung vom Triathlon. Kraulen konnte ich zu diesem Zeitpunkt noch nicht, ein Rennrad hatte ich auch nicht und die Laufschuhe habe ich von meinem Freund ausgeliehen, auch wenn sie mir zwei Nummern zu groß waren.

So perfekt ausgerüstet, bin ich dann am 13. Juni 1999 bei meinem ersten Triathlon über 1,5 km Schwimmen, 42 km Radfahren und 10 km Laufen in Klagenfurt gestartet. Von diesem Rennen habe ich kürzlich Fotos gefunden und war ganz erstaunt über die damalige Startnummer: die 60. Mit dieser Nummer habe ich sieben Jahre später – am 16.07.2006 – auch erstmals beim Ironman in Klagenfurt die 10-Stunden-Barriere (9:53,58 h) geknackt.

Dieser Triathlon war eine einzige Komödie. Was die Ausrüstung betraf, hatte ich ja fast NICHTS zur Verfügung. So musste ich mir zum Schwimmen einen Surfanzug leihen, der mir viel zu groß war. Sicherheitsnadeln am Rücken ermöglichten eine Passform, die mir wenigstens das Brustschwimmen erlaubte (der einzige Schwimmstil, dessen ich fähig war). Auf dieser Strecke musste ich immer wieder Pausen einlegen, um das Wasser aus meiner nicht sehr zweckdienlichen Schwimmbrille zu entfernen. So habe ich gleich den Anschluss verloren und brauchte für die 1,5 km über 40 Minuten. Die Fotos von damals sind bezeichnend für meine Schwimmleistung: allein auf weiter Flur. Völlig erschöpft stieg ich aus dem Wasser, kam aber nicht aus dem Surfanzug heraus, da mich die Sicherheitsnadeln beim Ausziehen behinderten. So habe ich den 1929 geborenen Hans Plajer, der fast zeitgleich mit mir aus dem Wasser stieg, gebeten, mir aus dem Anzug zu helfen. Das hat er gerne getan, und im Gegenzug habe ich ihm auch geholfen.

In der Wechselzone waren kaum mehr Räder zu sehen, so habe ich meines wenigstens gleich gefunden. „Meines" ist nicht ganz korrekt, das Rad habe ich mir von einem Freund eine Woche vor dem Rennen ausgeliehen. Ich hatte keine Ahnung von Rennrädern und bin vor dem Rennen nur einmal kurz eine Proberunde gefahren. Das Rennen selbst habe ich ohne Clips-Pedale bestritten, da ich diesbezüglich keine Erfahrung hatte. Sehr schnell war ich mit meinem Leihrad aber nicht unterwegs, ich habe nur einen Athleten überholt und habe meine Platzierung am Ende des Feldes gut behaupten können.

Das Fehlen der Clips-Pedale ermöglichte mir einen zeitlich professionellen Wechsel vom Radfahren zum Laufen. Ich trug bereits die Laufschuhe, allerdings wiederum die meines Freundes, weil ich mich in etwas größeren Schuhen sehr wohl fühlte und so keine blauen Zehen bekam. Beim Laufen habe ich zwar einiges an Zeit gutgemacht, aber ich konnte keinen von meinen Mitkonkurrenten mehr überholen.

Abschließend darf ich noch meine Platzierung verraten, das wird hoffentlich für viele Leserinnen Motivation sein, wenn sie erfahren, dass auch ich ganz „klein" und mit ganz „schlechten" Ergebnissen angefangen habe. Ich belegte in der Damenwertung den hervorragenden letzten Platz, von den 62 StarterInnen wurde ich 58., nur vier Männer waren noch hinter mir. Aber ich war damals sehr glücklich, dass ich es geschafft habe, einen Triathlon erfolgreich zu beenden.

2.4 Frauen, Sport und Schwangerschaft

In den 70er Jahren waren sich Fachleute noch uneinig darüber, ob Sport während der Schwangerschaft überhaupt möglich ist und ob sportliche Aktivitäten nicht zu gesundheitlichen Schäden des heranwachsenden Kindes führen können. Damals wurden „ruhige" Sportarten wie Schwimmen, Gymnastik und lockeres Spazierengehen empfohlen.

Mittlerweile hat sich auf Grund von Studien und Erfahrungswerten gezeigt, dass ein dosiertes Training während der Schwangerschaft positive Auswirkungen auf das Baby und auf die Mutter hat. Leichte körperliche Aktivitäten während der Schwangerschaft werden heute auch von ärztlicher Seite empfohlen. Am besten eignet sich dazu ein moderates Ausdauertraining, bei dem es zu keinen starken Erschütterungen kommt. Durch die „Auflockerung" von Sehnen, Bändern und Gelenken sind Sportarten wie Radfahren und Schwimmen empfehlenswert, bei denen das Gewicht nicht getragen werden muss. Neue Sportarten sollten während der Schwangerschaft nicht probiert und Höchstleistungen sollten auf keinen Fall angestrebt werden. Bei zu starker Belastung steigt nicht nur die Körpertemperatur der schwangeren Frau an, das heranwachsende Kind ist einem noch viel größeren Temperaturanstieg (Hitzestress) ausgesetzt. Auch von Saunabesuchen wird während der Schwangerschaft abgeraten, da sich so die Gefahr einer Missbildung des Kindes erhöht.

Im Körper der Mutter finden während der Schwangerschaft große Veränderungen statt:

- Steigerung der Herzfrequenz.
- Der Blutdruck wird labiler.
- Das Blutvolumen nimmt zu.
- Die Neigung zur Unterzuckerung steigt.
- Die Thermoregulation ist erschwert.

Sportlich aktive Frauen legen weniger an Gewicht zu und die Geburt verläuft meistens problemloser als bei nichtsportlichen Frauen. Auch die in der Schwangerschaft üblichen Begleiterscheinungen wie Übelkeit, Krampfadern oder Rückenschmerzen lassen sich durch Sport lindern oder sogar gänzlich vermeiden. Psychischer Stress wird leichter abgebaut, das Wohlbefinden bessert sich.

Die Wehen und die Geburt werden leichter ertragen, sportlich aktive Frauen benötigen auch generell weniger Schmerzmittel. Aber nicht nur die Mutter profitiert vom Sport, auch das Baby trainiert mit. Dies zeigt sich in einem größeren Herzen, in einem stabilen Herz-Kreislauf-System und in einem aktiven Stoffwechsel. Ab dem dritten Monat sind die Sinnesorgane des heranwachsenden Kindes so weit entwickelt, dass das Baby „miterlebt" und bereits Erfahrungen sammeln kann.

Die Schwangerschaft verbraucht ungefähr 300 Kalorien zusätzlich pro Tag, durch sportliche Aktivitäten entsprechend mehr. Daher sollte während der Schwangerschaft auf eine ausreichende Energie-, Flüssigkeits- und Elektrolytzufuhr geachtet werden.

Zu Beginn der Schwangerschaft kommt es bei Sportlerinnen zu starken hormonellen Veränderungen. Die Leistungsfähigkeit erhöht sich in den ersten Monaten teilweise sogar, denn sportliche Höchstleistungen und Rekorde werden hin und wieder sogar während einer Frühschwangerschaft erzielt. Grundsätzlich stellen aber sportliche Höchstanforderungen eine Gefahr für das heranwachsende Kind dar. Besonders im letzten Schwangerschaftsdrittel können solche Belastungen zu Schäden an Mutter und Kind führen.

Eine Bekannte, die Duathlonwettkämpfe und Läufe bestreitet, war vor Beginn ihrer Wettkampfsaison in einem Trainingslager. Sie und ihre Trainingspartner haben sich sehr über die enormen Leistungssteigerungen gewundert und wussten dafür keine Erklärung. Nach der Rückkehr aus dem Trainingslager hatte sie aber der Frauenarzt parat: Die Duathletin war schwanger! Nach dem ersten „Schock" freuten sich ihr Mann und sie aber sehr aufs Kind.

Und was passiert, wenn das Baby da ist?

Wenn sich die Mutter und das Kind auf die neue Situation eingestellt haben, ist ein sportlicher Wiedereinstieg jederzeit möglich. In den 80er Jahren wurden sportliche Leistungssprünge nach der Schwangerschaft auch in der Forschungsliteratur behandelt. Es zeigte sich, dass der Ausdauertrainingsreiz direkt durch die Schwangerschaft verursacht wurde.

Durch die Gewichtszunahme muss sich die Körpermuskulatur Schritt für Schritt dem neuen Gewicht anpassen und das Baby wird zusätzlich mit Sauerstoff und Blut versorgt. So erhöht sich die Pumparbeit des Herzens, die Herzfrequenz steigt an und die Ausdauerleistungsfähigkeit verbessert sich von selbst. Dies sind Effekte, die sonst nur durch ein Höhentraining erzielt werden. Nach neun Monaten kommt das Kind zur Welt, einiges an Gewicht fällt weg und daher sind Monate nach der Geburt sportliche Höchstleistungen möglich.

Schon einen Tag nach einer komplikationslosen Entbindung können Frauen unter Anleitung einer Hebamme mit leichten gymnastischen Übungen die erschlaffte und ausgedehnte Becken- und Bauchwandmuskulatur wieder stärken. Nach einem Kaiserschnitt darf nicht sofort wieder mit Sport begonnen werden, hier empfiehlt sich eine Absprache mit dem Arzt. Wenn Ausdauertraining wieder möglich ist, dann sollten die Einheiten ganz vorsichtig gesteigert werden, denn ein zu hohes Trainingspensum und eine zu geringe Nahrungszufuhr können den Milchfluss zum Versiegen bringen.

Zu diesem hochinteressanten Thema möchten wir gerne zwei Mediziner befragen, die sich sowohl in der Theorie als auch in der Praxis mit dem Thema „Sport und Schwangerschaft" beschäftigen.

2.5 Interview mit Dr. Meike Hoffmeister und dem Gynäkologen Andreas Portmann

Wir haben das Glück, in unserem Verein eine Medizinerin zu haben, die wie kaum eine andere Frau geeignet ist, das Thema „Schwangerschaft und Sport" zu beleuchten. Sie treibt seit vielen Jahren Ausdauersport und nimmt regelmäßig an Volksläufen und olympischen Triathlons teil.

Meike und Andreas

Dr. Meike Hoffmeister war zum Zeitpunkt des Interviews hochschwanger und selbst sechs Wochen vor der Niederkunft des zweiten Kindes absolvierte sie noch immer ein leichtes Lauftraining. Dies geschah in Absprache mit ihrem Mann, **Andreas Portmann**, der Gynäkologe ist.

Mit den beiden haben wir wichtige Aspekte zum Thema „Schwangerschaft und Sport" besprochen. Hier das Interview:

Frage an Frau H.: Sie werden in wenigen Tagen Ihr Kind zur Welt bringen, ist so kurz vor der Niederkunft überhaupt noch eine sportliche Betätigung möglich?
- Sowohl leichtes Joggen als auch ruhiges Ausdauerschwimmen bekommen mir auch jetzt in der zweiten Schwangerschaft ausgezeichnet. Rennradfahren war auf Grund des Bauchumfangs nur bis zum fünften Monat möglich.

Frage an Herrn P.: Nicht jede schwangere Frau hat das „Glück", einen Mediziner an ihrer Seite zu haben, was sagen Sie als Gynäkologe zu den Aktivitäten Ihrer sportlichen Gattin?
- Grundsätzlich ist moderate ausdauersportliche Betätigung nur zu empfehlen, vorausgesetzt wird dabei eine komplikationslose Schwangerschaft. Anaerobe Belastungen und Belastungsspitzen sind nach Möglichkeit zu vermeiden.

Frage an Frau H.: Über Nicole Leder ist bekannt, dass sie bis zum sechsten Monat alle Sportarten zurückhaltend trainiert hat. Geschwommen ist sie bis kurz vor der Geburt ihrer Tochter. Nicole Leder hat mit ihrer „riesigen Kugel" sogar noch die Rollwende geschafft. Wie sah das bei Ihnen aus, waren Sie in den letzten Wochen vor der Geburt auch noch schwimmen?

- Prinzipiell war das Schwimmen auch in den letzten Wochen zwar möglich, jedoch hat mich die zunehmende Wehentätigkeit während des Schwimmens davon abgehalten.

Frage an Frau H.: Sie sind auch Läuferin, wie lange oder wie oft sind Sie gelaufen? Inwieweit haben sich Ihre Trainingsumfänge während der Schwangerschaft reduziert?

- Die Trainingsumfänge haben sich mit dem Bekanntwerden der Schwangerschaft um ca. 50 % reduziert. Die Intensität hat von Monat zu Monat nachgelassen. Entscheidend war für mich das persönliche Wohlbefinden. Dabei war ich in der Lage, noch 2-3 x pro Woche je 7-10 km locker zu laufen.

Frage an Herrn P.: Wie sieht das mit leistungsbezogenem Training (anaerobe Belastung) in den ersten drei Monaten der Schwangerschaft aus?

- In den ersten 3-4 Monaten haben Schwangere bei hoher intensiver Belastung mit einem erhöhten Risiko (Fehlgeburt und Missbildungen) zu rechnen. Genau während dieser Zeit werden die Organe angelegt.

Frage an Frau H.: Welche Sportarten haben Sie während Ihrer Schwangerschaft betrieben? Welche Bewegungsform hat Ihnen persönlich am meisten Freude bereitet?

- Als Triathletin natürlich Laufen, Schwimmen und Radfahren. Zusätzlich gelegentlich moderate Kräftigungsübungen. Da ich das Laufen bereits Jahre vorher gerne ausgeübt habe, war dies auch während der Schwangerschaft meine bevorzugte Ausdauersportart.

Frage an Herrn P.: Welche Sportarten eignen sich für schwangere Frauen, welche sollten eher vermieden werden?

- Es eignen sich alle Bewegungsarten mit geringen Spitzenbelastungen, also die Ausdauersportarten wie Laufen, Schwimmen, Radfahren, Triathlon, Aquajogging, sofern diese sportliche Betätigung bereits vor der Schwangerschaft ausgeübt wurde. Bei Sportarten mit einem hohen Verletzungsrisiko, wie z. B. Reiten, alpines Skifahren,

Tauchen, Fallschirmspringen, ist das eigene Risiko mit dem behandelnden Arzt abzuwägen. Walking und Nordic Walking ist selbst für Ungeübte zu empfehlen.

Frage an Frau H.: Haben Sie während der Schwangerschaft auch an Rennen teilgenommen?
- Ja, an zwei 10-km-Läufen habe ich teilgenommen, allerdings unter Kontrolle meiner Herzfrequenz, um wirklich im aeroben Bereich zu bleiben.
Da bei meinem zweiten Lauf der Pulsmesser ausfiel, habe ich mich während des gesamten Laufs intensiv mit meinem Mann unterhalten und mich somit im Wohlfühlbereich befunden.

Frage an Herrn P.: Astrid Benöhr, die als „Ausdauerwunder" gilt und zu den besten Frauen im Ultradistanzbereich (von zweifach- bis zum 10fach-Ironman) zählt, ist während der Schwangerschaft ihres dritten Kindes fast bis zum Schluss gejoggt. Am Anfang des achten Monats hat sie sogar noch an einem Triathlon teilgenommen. Bezüglich der Wettkämpfe die Frage an Sie: Sind Rennen während der Schwangerschaft nicht zu risikoreich?
- Aus ethischen Gründen gibt es keine wissenschaftlich auswertbaren Untersuchungen an schwangeren Frauen, die die Gefahren für Mutter und Kind unter sportlicher Belastung exakt festschreiben. Von harten Wettkämpfen während der Schwangerschaft ist unbedingt abzuraten.

Frage an Frau H.: Was waren Ihre Beweggründe, sich während der Schwangerschaft weiterhin sportlich zu betätigen? Haben Sie nie Angst gehabt, dass Ihr Kind Schäden davontragen könnte?
- Als passionierte Ausdauersportlerin gehört die sportliche Betätigung einfach zum Leben. Außerdem wusste ich um die positiven Auswirkungen auf die Schwangerschaft.
Da ich mich während meiner Schwangerschaft nur im Wohlfühlbereich bewegt und gleichzeitig mit meinem Mann die Belastungen abgesprochen habe, hatte ich keinerlei Sorgen um unser Kind.

Frage an Frau H.: Haben Sie während der Schwangerschaft mehr getrunken oder bewusster auf Ihre Ernährung geachtet?
- Ausdauersportler achten generell ein wenig auf die Ernährung. Die Trinkgewohnheiten änderten sich erst mit der Stillzeit.

Frage an Herrn P.: Braucht eine schwangere Frau bestimmte Mineralstoffe oder Spurenelemente, wenn sie sich sportlich betätigt oder ist eine ausgewogene Mischkost ausreichend?

- Eine ausreichende Mischkost reicht laut WHO in Mitteleuropa für 50 % der Frauen nicht. Zu substituieren sind für diesen Personenkreis Jod und Folsäure. Weitere Spurenelemente wie Zink, Selen und Eisen werden empfohlen, zudem Vitamine und Magnesium.
  Für Schwangere gibt es daher spezielle Nahrungsergänzungsmittel, die besonders der sporttreibenden werdenden Mutter zu empfehlen sind, wie z. B. Orthomol oder Femibion.

Frage an Herrn P.: Angeblich sind zu stark ausgeprägte Bauchmuskeln für eine schwangere Frau nicht optimal, da es zu Fehlgeburten kommen kann. Was sagen Sie als Mediziner dazu?

- Quatsch, die Bauchmuskulatur hat keinen Einfluss auf eine erhöhte Fehlgeburtenrate. Sportlerinnen mit trainierter Beckenbodenmuskulatur entbinden laut neuester Studienlage sogar besser als untrainierte Frauen.

Frage an Frau H.: Ab wann konnten Sie nach der Geburt Ihres ersten Kindes wieder trainieren?

- Trotz Kaiserschnitt konnte ich nach sechs Wochen wieder mit leichter sportlicher Betätigung beginnen.

Frage an Herrn P.: Wenn das Kind gestillt wird, ab welchem Zeitpunkt kann dann wieder mit leichtem Sport begonnen werden?

- Während der Stillzeit ist sportliche Betätigung problemlos möglich. Zu beachten ist, dass in dieser Zeit der Flüssigkeitsbedarf ansteigt.

Frage an beide Mediziner: Steht die Pille eigentlich auf der Dopingliste bzw. führt die Einnahme der Pille zur Leistungssteigerung?

- Leistungssteigerungen werden durch die Pille nicht beobachtet, eher Leistungsminderungen.

Vielen Dank für das informative Gespräch.

3 Die „vier" Disziplinen im Triathlon

Der Schlüssel zur richtigen mentalen Einstellung

Bereits vor mehr als 20 Jahren, als sich Hermann erstmals auf eine Langdistanz vorbereitete, war ihm der Gedanke – sich einen Triathlon als Menü vorzustellen – enorm hilfreich. Diese Idee war der Schlüssel für die so wichtige mentale Einstellung.

Dieser Gedanke wird auch Ihnen helfen, die Angst vor dem so oft dargestellten „monströsen Triathlon" zu nehmen. Sie stellen sich ein reichhaltiges Menü vor, welches Sie sich zu besonderen Anlässen gönnen. Vergleichen Sie das üppige Mahl mit einem Hochzeitsessen. Auch dieses gibt es nicht alle Tage und darf daher ruhig etwas umfangreicher ausfallen.

Unsere Menüfolge beim Triathlon lautet:

Vorspeise	Schwimmen
Zwischengang	erster Wechsel
Hauptspeise	Radfahren
Zwischengang	zweiter Wechsel
Nachspeise	Laufen

Das Schwimmen als erste Disziplin übernimmt die Rolle der „Vorspeise". Nach dem „Warm-up" kommt dann die „Hauptspeise", das Radfahren. Unser „Dessert", welches wir uns bis zum Schluss aufheben, ist eben das Laufen. Als „Zwischengänge" fungieren die beiden Wechsel: Beim ersten Wechsel wird vom Schwimmen aufs Rad, beim zweiten vom Rad zum Laufen gewechselt.

Bevor wir nun mit dem Training anfangen, möchten wir alle Triathletinnen an einen ganz entscheidenden Punkt erinnern: an das partnerfreundliche Training. Wer keine Berufssportlerin ist, hat neben dem Sport natürlich zahlreiche andere – oft wichtigere – Dinge zu erledigen als zu schwimmen, Rad zu fahren oder zu laufen. Dies gilt ganz besonders für jene Frauen, die eine – oft mehrköpfige – Familie zu versorgen haben. Natürlich gilt das auch für trainingsfreudige Männer.

Partnerfreundlich trainieren

Für jede Triathletin, davon gehen wir bei unseren Trainingsempfehlungen jeweils aus, hängt der Erfolg oder Misserfolg beim Triathlon davon ab, inwieweit es gelingt, das umfangreiche Training in den Alltag zu integrieren; und zwar so, dass sich der zeitliche Aufwand vertreten lässt. Lange Anfahrtswege zum Training erschweren die Bedingungen enorm. Dagegen sollte jede Athletin in ihrem Umfeld eingehend überprüfen, ob sie nicht den einen oder anderen Tipp nutzen kann:

- Täglich mit dem Rad zum Dienst fahren. Mehr oder weniger lange Umwege ermöglichen die geplanten Trainingsfahrten.
- Vor Dienstantritt eine Schwimmhalle aufsuchen.
- In der Mittagspause schwimmen oder laufen.
- An einigen Tagen zum Dienst laufen.
- Bei Bekannten- oder Verwandtenbesuchen die Familie mit dem PKW fahren lassen und selbst den Weg mit dem Rad zurücklegen.
- Einen Weg zum Dienst mit öffentlichen Verkehrsmitteln oder Mitfahrgelegenheit nutzen, Rückweg laufen.
- Während langer Laufeinheiten sich von einem oder mehreren Familienmitgliedern per Rad begleiten lassen.

- Im Urlaub morgens früh von 7.00 Uhr bis 9.00 Uhr Rad fahren, es herrscht noch kein Verkehr, die Fettverbrennung lässt sich hervorragend trainieren, die Temperaturen sind angenehm und der ganze Tag steht zur freien Verfügung.
- Beim Schwimmen im See sich von einem Familienmitglied im Boot begleiten lassen.
- Gemeinsame Besuche im Freibad.
- Zwei Partner wechseln sich jährlich ab, was den Trainingsumfang und die Trainingsintensität betrifft. Ein Partner legt ein Wettkampfjahr ein, der andere Partner ein Regenerationsjahr. Im darauf folgenden Jahr funktioniert das Ganze umgekehrt. Ambitionierte Sportlerfamilien berücksichtigen dabei auch gerne die jeweilige Altersklasse.

Es findet sich also eine ganze Reihe von Möglichkeiten, dass das Training so an- und eingeordnet wird, dass es z. B. für eine Familie wenig belastend wirkt.

Neben dieser geschickten Trainingsgestaltung halten wir das Einbeziehen der Familie in den Sport für eine ganz entscheidende Angelegenheit. Wenn der Freund, der Lebensgefährte oder die Familie den Sport nicht missmutig hinnimmt, sondern noch aktiv unterstützt, so kann das nur unserer sportlichen Entwicklung förderlich sein. Als Gegenleistung sollten wir gemeinsam mit unseren Partnern die oft reizvollen Reisen, Kurzurlaube und langen Wochenenden antreten. Dabei muss es ja nicht ausschließlich um den Triathlon gehen.

Ausdauersport, Familie und Reisen lassen sich wunderbar miteinander verknüpfen. Hermann fasziniert und beflügelt diese Tatsache bereits seit 25 Triathlonjahren. Mit ein wenig Fantasie lässt sich dieser partnerfreundliche Triathlonkatalog noch erweitern.

Nun wünschen wir Ihnen noch eines:

„Einen guten Trainingsappetit!"

3.1 Die erste Disziplin – Schwimmen als „Vorspeise"

Für viele Triathletinnen stellt diese Disziplin die größte Hürde dar, da es einer guten Technik bedarf, um ansprechende Schwimmergebnisse erzielen zu können. Im Spitzenbereich ist eine gute Schwimmtechnik Grundvoraussetzung, um überhaupt vorne mithalten zu können. Es geschieht bereits häufiger, als es manche Männer wahrhaben wollen, dass bei einem Rennen eine Frau vor allen Männern aus dem Wasser steigt.

Männer bewegen sich im Wasser eher kraftorientiert weiter, Frauen zeichnen sich dagegen durch eine gute Technik und Wasserlage aus. Wasser wirkt sich auf den Körper im Unterschied zur Luft als Umgebungsmedium anders aus. Bei Bewegung im kalten Wasser wird die arbeitende Muskulatur stärker durchblutet, was sich durch eine verstärkte Wärmeabgabe zeigt. Bei Schwimmerinnen, die einen geringeren Körperfettanteil aufweisen, nimmt im Vergleich zu fülligeren Schwimmerinnen die Körpertemperatur ständig ab. Hiergegen kann man sich insbesondere auf den längeren Schwimmstrecken mittels Neoprenanzügen schützen.

Das Schwimmen empfinden viele Frauen als ungeliebte oder lästige Disziplin. Athletinnen mit großen Problemen beim Schwimmen wenden sich dann auch eher dem Duathlon zu, also dem Laufen, Radfahren und nochmaligen Laufen. Ein erweitertes Schwimmtraining sorgt zum einen für eine verbesserte Schwimmleistung, zum anderen lässt sich auch das Radfahren im Triathlon wesentlich leichter durchhalten.

Die meisten Triathletinnen kommen nicht aus dem Schwimmlager und haben daher keine oder wenige Erfahrungen. Viele beherrschen nur das Brustschwimmen. Dieser Schwimmstil ist der langsamste und der am schwierigsten zu erlernende Stil, weil hierbei eine exakte Koordination von Armzug und Beinschlag erforderlich ist.

Das Kraulen ist der schnellste Schwimmstil und entlastet gegenüber dem Bruststil die Beinmuskulatur, die ja bekanntlich während der zweiten und der dritten Triathlondisziplin, dem Radfahren und Laufen, noch stark beansprucht wird. Für viele Triathletinnen stellt es daher eine große Herausforderung dar, nicht als Brustschwimmerin nur so mitzuschwimmen, sondern im Feld der elegant daherschwimmenden Kraulerinnen mitzumischen.

3.2 Die zweite Disziplin – Radfahren als „Hauptmenü"

Das Radfahren zählt beim Triathlon zur zweiten Disziplin und als „Hauptmenü" macht es durchschnittlich den höchsten Anteil der Gesamtwettkampfzeit aus. Generell ist das Windschattenfahren im Triathlon verboten (mit einigen Ausnahmen bei Elite- und Jugendrennen, vor allem über die olympische Distanz von 1,5 km Schwimmen, 40 km Radfahren und 10 km Laufen).

Für gute Leistungen auf dem Rad bildet eine optimale Fahrtechnik und eine geeignete Sitzposition die Grundvoraussetzung, um das Rennen möglichst ohne größere Schmerzen bestreiten zu können. Die „liegende" Position auf dem Aerolenker sollte das Atmen und den Wirkungsgrad der Beinkraft nicht behindern. Viele Triathletinnen nehmen am Rad die favorisierte „American Position" ein, d. h. die Sattelspitze liegt deutlich vor dem Tretlager.

Beim Radfahren trägt das Gesäß den größten Teil des Körpergewichts. Dadurch ist die Belastung des Halte- und Stützapparats gering. Selbst beim Wiegetritt (im Stehen fahren) ist die orthopädische Belastung deutlich geringer als beim Laufen. Um generell Verletzungen zu vermeiden, empfiehlt es sich, einen Helm zu tragen (ein MUSS beim Triathlon). Der Fahrradhelm sollte immer aufgesetzt werden, auch wenn ein Rad nur getestet oder ein kleiner Einkauf erledigt wird.

Gleichgültig, welche Triathlondistanz Sie im Wettbewerb bestreiten, das Radfahren nimmt bei jeder Triathlondistanz den größten Teil der Gesamtzeit in Anspruch. Daher sollten Sie ständig nach Möglichkeiten suchen, das Radfahren in den normalen Tagesablauf zu integrieren. Dies ist möglich beim regelmäßigen Weg zur Arbeit, aber auch sonst lassen sich viele Fahrten anstatt mit dem Auto mit dem Fahrrad erledigen. Denken Sie auch mal an Ausflüge zu Bekannten oder Verwandten.

3.3 Die dritte Disziplin – Laufen als „Dessert"

Das „Dessert" im Triathlon macht das Laufen aus. Diese Disziplin ist für den Bewegungs- und für den Stützapparat die härteste Disziplin, Schwimmen und Radfahren wirken auf den Körper weitaus weniger belastend. Beim Laufen zeigen sich am ehesten Schwächen in der Rumpfmuskulatur, deren Stärkung im Training nicht vernachlässigt werden sollte. Nur mittels dieser gut ausgeprägten Muskulatur ist der Körper in der Lage, optimale Laufleistungen zu vollbringen.

Neben der Stärkung der Rumpfmuskulatur führt auch ein „Lauf-ABC" zu einer Verbesserung der Laufzeit. Bei diesen Übungen wird der Körper vielfach gefordert. Beim „Anfersen" werden beim lockeren Traben die Fersen an das Gesäß gebracht; beim „Kniehebelauf" wird das vordere Bein in der Hüfte gebeugt und das Knie nach oben gehoben. Dabei bleibt das Standbein gestreckt und der Armeinsatz wird betont. Des Weiteren empfiehlt sich beim Einlaufen auch das Seit- und Rückwärtslaufen.

Zu Frauenlaufschuhen

Triathletinnen, die gute Erfahrungen mit Männerlaufschuhen aufzuweisen haben, sollten keine Notwendigkeit sehen, spezielle Frauenlaufschuhe zu tragen. Wer jedoch Beschwerden oder gar Verletzungen zu verzeichnen hat, dem ist anzuraten, sich Frauenlaufschuhe zu kaufen.

Gründe für Frauenlaufschuhe sind folgende:

- Die größere Beweglichkeit in Gelenken und Bändern erfordert flexible, aber stabilere Laufschuhe.
- Der geringere Muskelanteil und damit eine geringere Muskelkraft zieht eine veränderte Dämpfung und Stabilität nach sich.
- Das schmalere Fersenbein und eine größere Fußbreite machen entsprechende Anpassungen notwendig.

3.4 Die vierte Disziplin – Wechsel als „Zwischengang"

Die Wechsel vom Schwimmen zum Radfahren und weiter vom Radfahren zum Laufen sind die „Zwischengänge im Triathlonmenü". Sie machen nur einen geringen Teil der Gesamtwettkampfzeit aus. In Triathlonkreisen wird beim Wechsel von der so genannten „vierten" Disziplin gesprochen.

Wer über Sprintdistanzen oder über die olympische Distanz an den Start geht und vorne dabei sein will, sollte den Wechsel gesondert trainieren. Dabei wird versucht, möglichst schnell aus dem Schwimmanzug herauszukommen, um dann sofort auf das Rad wechseln zu können. Beim Ausziehen des Schwimmanzugs kann es zum Schluss leicht zu Wadenverkrampfungen kommen.

Bei einem besonders schnellen Wechsel werden die Radfahrschuhe bereits an den Pedalen montiert. Sobald die Triathletin die Wechselzone im Laufschritt verlässt und dann aufs Rad steigt, versucht sie, während des Fahrens in die Schuhe hineinzuschlüpfen. Die Mehrheit der Sportlerinnen zieht die Radfahrschuhe aber in der Wechselzone an, was etwas mehr Zeit in Anspruch nimmt. Was den Wechsel vom Radfahren aufs Laufen betrifft, so sollte dieser im Training mittels des „Koppeltrainings" geübt werden. Dabei wird nach dem Ende einer Radeinheit sofort ein Lauftraining angeschlossen. Durch dieses „Koppeltraining" gewöhnen sich die Muskeln an die verschiedenen Belastungsformen. Beim Radfahren müssen die Beine bei gekippter Beckenstellung arbeiten. Das Laufen erfordert im Gegensatz dazu eine Hüftstreckung, d. h., das Becken sollte möglichst aufgerichtet werden.

4 Das Triathlontraining

Jede sportliche Betätigung beginnt bereits bei der richtigen Planung. Hierzu muss jede Athletin von ihren ganz persönlichen Rahmenbedingungen, die wir mit Umfeld bezeichnen möchten, ausgehen. Nur unter Berücksichtigung **Ihres individuellen Umfelds** können Sie erfolgreich Sport betreiben. Mag die Nachbarin, die Freundin oder sonst jemand noch so tolle Voraussetzungen für das Training haben, Sie können und sollten nur von Ihren Möglichkeiten ausgehen. Näheres dazu siehe Kap. 2.

Wer beim Triathlon neben dem Spaß und der Freude an der Bewegung auch erfolgreich sein möchte, dem ist zu empfehlen, das Triathlontraining angemessen zu planen. Diese Planung sollte jährlich aufs Neue erfolgen. Dabei sollten Sie sowohl das neue Trainingsjahr als auch das vergangene Jahr und die längerfristige Entwicklung mit berücksichtigen. Dabei führt eine kontinuierliche, von mäßigen Belastungssteigerungen gekennzeichnete Phase eher zu den gewünschten Leistungssteigerungen als ein übermäßiger Anstieg der Jahresgesamtbelastung. Kontinuierliche Belastungssteigerungen sollten nicht mehr als 10 % betragen. Einsteigerinnen können gegebenenfalls auch ihre Gesamtbelastung im folgenden Jahr verdoppeln.

Das Minimalpensum im Triathlontraining

Triathlontraining bedeutet keineswegs einen „Halbtagsjob". Das Training für die drei Ausdauersportarten kann jede Athletin, je nach Anspruch, für sich individuell gestalten.

Dr. Ernst van Aaken, der „Läuferpapst", stellte für den Marathonlauf folgende einfache Regel auf: Wer in einer Woche 42 km läuft, der ist auch in der Lage, diese Strecke an einem Stück und ohne gesundheitliche Probleme zurückzulegen. Auf den Ausdauersport Triathlon übertragen, heißt das: Werden in einer Woche die Streckenlängen des geplanten Triathlons im Training zurückgelegt, dann kann der Triathlon erfolgreich bewältigt werden. Ganz konkret wären demnach in einer Woche für eine Jeder-Frau-Distanz 500 m zu schwimmen, 20 km Rad zu fahren und 5 km zu laufen. Für eine olympische Distanz eben 1.500 m zu schwimmen, 40 km Rad zu fahren und 10 km zu laufen. Halten wir das als Minimaltraining fest.

4.1 Training für die Jeder-Frau-Triathlondistanz

In fünf Monaten zum ersten Jeder-Frau-Triathlon: 500 m / 20 km / 5 km

Vielfach wird der *Jeder-Frau-Triathlon* auch als *Volkstriathlon* oder *Jedermanntriathlon* bezeichnet. Wer mittel- und langfristig Freude an der Bewegung und am Triathlon haben möchte, dem ist zu empfehlen, sich behutsam an Wettbewerbe mit unterschiedlicher Länge heranzutasten. Wer z. B., durch eine Wette bedingt, seinen großen Mut beweisen möchte und sich ohne längerfristige Vorbereitung einer Mittel- oder Ironmandistanz stellt, läuft Gefahr, schnell physisch und mental auszubrennen und sein Kapitel „Triathlon" genauso schnell zu beenden, wie er es begonnen hat. Beispiele dafür gibt es in jeder größeren Trainingsgruppe oder in jedem Triathlonverein. Schade, denn dies ließe sich leicht vermeiden, wenn wir uns kontinuierlich mit unserem wachsenden Trainingsfortschritt auch den wachsenden Triathlondistanzen stellen. Wir versprechen Ihnen, dass Sie auf diesem Weg Ihre Freude und Ihren Spaß an der Bewegung langfristig erhalten können.

Für den Einstieg in die so genannte Jedermanndistanz, die wir aus verständlichen Gründen Jeder-Frau-Distanz nennen, möchten wir Sie nicht mit theoretischen Modellen und Trainingsplänen aus der Retorte bzw. aus dem Computer belasten, sondern ein sehr erfolgreiches Modell vorstellen, mit welchem absolute Anfängerinnen in 20 Wochen behutsam auf ihren ersten Triathlon vorbereitet wurden. Das eindeutige Ziel hierbei lautete, diese drei Ausdauerdisziplinen ohne Pause zu bewältigen und zu finishen. Eben das Ziel, mithilfe der eigenen Muskelkraft die Ziellinie nach 25,5 km zu erreichen. Als Voraussetzung an die interessierten Teilnehmerinnen waren folgende Kriterien vorgegeben:

- 20 Minuten schwimmen, auch mit Pausen,
- 30 Minuten Rad fahren, auch mit Pausen und
- 20 Minuten laufen, auch mit Pausen.

Wer von Ihnen diese Voraussetzungen noch nicht beherrscht, aber das gleiche Ziel verfolgen möchte, wird durch Hermanns Buch *Einfach fit – die 2 %-Formel* schrittweise zu diesen Zielen hingeführt.

Die Sportler und Sportlerinnen der Aktion „Fit für den ersten Jeder-Frau-Triathlon"

Erfolgreiches Fallbeispiel „Fit werden für den Jeder-Frau-Triathlon"

Ein Aufruf in der Tageszeitung „Westfälischer Anzeiger" in Hamm reichte aus, um 73 Interessierte für dieses Projekt zu begeistern. Unter den Teilnehmern gab es dabei nur einige wenige, so genannte *Quereinsteiger*. Die überwiegende Mehrheit bestand aus sportlich noch völlig unerfahrenen Menschen zwischen 25 und 65 Jahren, wobei der Anteil der Frauen mit 40 % ausgesprochen hoch und sehr erfreulich war. Gestartet wurde im Monat April, um zur Sommermitte oder zum -ende fit für den Triathlon zu sein. Mit einem konkreten Ziel vor Augen, 500 m zu schwimmen, 20 km Rad zu fahren und 5 km zu laufen, trainiert es sich leichter. Wer sich als Einsteigerin oder so genannte Quereinsteigerin an den nachfolgenden Tipps und Empfehlungen orientiert, der sichert sich bei richtiger Einstellung die sportliche Erfolge. Dies muss nicht der Sieg bei einem Jeder-Frau-Triathlon sein, sondern „Finishen" sollte Ziel und Erfolg zugleich sein. Die vorgegebene Strecke zu schaffen, aus eigener Muskelkraft schwimmend, Rad fahrend und laufend das Ziel zu erreichen, das war das Bestreben für die nächsten Monate. Folgende Trainingshilfen und -ratschläge wurden den 73 Interessierten über die Tageszeitung mitgeteilt:

4.1.1 Trainingsmonat April

Da die Schwimmsaison in den Freibädern erst Mitte Mai beginnt, richten auch wir unser Training darauf aus. In den ersten vier Wochen steht demnach vornehmlich das Laufen und Radfahren im Mittelpunkt. Interessante Erfahrungen machen alle in der dritten Trainingswoche beim so genannten *Wechseltraining*. Führen Sie sowohl das Radfahren als auch das anschließende Laufen in lockerer Form durch. Wer gerne schwimmt, sollte bereits 1 x pro Woche ein Hallenbad aufsuchen. Wir beginnen in der ersten Woche mit einer lockeren Laufeinheit und zwei ebenso lockeren Radeinheiten. Natürlich dürfen Sie auch etwas mehr trainieren, vor allem die Quereinsteigerinnen.

Generell dürfen diejenigen, die bereits andere Sportarten betrieben haben oder immer noch betreiben, die wir nachfolgend als Quereinsteigerinnen bezeichnen möchten, jede Trainingseinheit um 10 Minuten verlängern.

Monat April: Wochen 1-4

Wir starten mit einer 30-minütigen Radtour unser Programm. Bei schlechter Witterung tauschen wir das Radtraining gegen eine Laufeinheit ein. Laufen geht eigentlich immer, außer bei Blitz und Donnerschlag.

Kurz einige Bemerkungen zur erforderlichen Ausrüstung. Jede Hobbysportlerin, die vornehmlich in den Sommermonaten eine Reihe von Freibadbesuchen oder häufiger einen Badesee aufsucht, befindet sich im Besitz einer entsprechenden Schwimmausrüstung. Neben einem Badeanzug gehört eben eine Schwimmbrille und eine Badekappe dazu. Mit diesen Utensilien sind Sie auch für einen Triathlon bei entsprechend sommerlichen Wassertemperaturen von rund 20° C vollständig ausgerüstet.

Zur zweiten Disziplin, dem Radfahren, gehören eben ein funktionsfähiges Fahrrad und ein Radhelm dazu. Um einen Triathlon bestreiten zu können, ist nicht unbedingt ein Rennrad erforderlich. Ein Trekkingrad reicht auf einer ebenen Radstrecke aus. Lediglich der Radhelm ist ein Pflichtobjekt, selbst bei einem Jeder-Frau-Triathlon. Dies ist gut so. Schützt doch ein Radhelm von € 20-40,- sowohl beim normalen Radtraining als auch beim Wettkampf bei einem Radsturz vor schweren Kopfverletzungen.

Zur minimalen Laufausrüstung gehört als wichtigster Gegenstand ein Paar gute Laufschuhe. Dabei liegt die Betonung wirklich auf „GUTE". Also, auch bei geringen sportlichen Ambitionen sollten gute Laufschuhe nicht von einer Billigkaufhauskette stammen, sondern aus einem Fachgeschäft. Hier können Sie eine fachliche Beratung erwarten. Damit ist nicht unbedingt auch ein Kaufpreis von mehr als € 100,- verbunden. Wer sich ein wenig umschaut und mit einem Auslaufmodell zufrieden ist, welches absolut nicht schlechter sein muss als ein neues Modell, spart oft die Hälfte des ursprünglichen Kaufpreises ein. Wer gerne läuft, sollte auch ein zweites Paar Laufschuhe vorrätig haben. Daneben ist bei hochsommerlichen Temperaturen eine Laufmütze zum Schutz vor allzu intensiver Sonnenbestrahlung erforderlich.

Erste Tipps zum Radfahren

Das Radfahren nimmt, wie bereits erwähnt, bei jeder Triathlondistanz den größten Teil der Gesamtzeit in Anspruch. Gerade das Radfahren eignet sich wie keine andere Sportart zum Training des Fettstoffwechsels. Wer den Fettstoffwechsel trainieren möchte, muss wissen, dass dieser erst voll wirksam wird, wenn mindestens 1-1,5 h lang mit einer geringen Belastung trainiert wird. So weit sind die meisten Einsteigerinnen allerdings noch nicht.

Für Frauen, die bereits über Erfahrungen mit dem Rennrad verfügen, hier ein paar kurze Tipps: Grundlagentraining bedeutet, dass längere Radausfahrten mit geringer Intensität geübt werden. All das erfolgt mit dem kleinen Kettenblatt, um den runden Tritt zu trainieren. Hierbei verbessert sich vorwiegend die Ausdauerleistungsfähigkeit und der Stoffwechsel wird trainiert. Kleine Gänge und Trittfrequenzen um 100 Umdrehungen/Minute sind hierbei wichtig. Anstiege sollten daher möglichst in kleinen Gängen im Sattel sitzend bewältigt werden. Wird zum Wiegetritt aufgestanden, so fährt man überwiegend mit Kraft und dem eigenen Körpergewicht den Berg hinauf. Wer mit dem Pulsmesser radelt, der sollte Folgendes beachten:

Die Radausfahrten sind im Grundlagenausdauerbereich durchzuführen, das bedeutet, der Belastungspuls sollte etwa 60-75 % des Maximalpulses erreichen. Mehr nicht! Konkret bedeutet dies für eine 50-Jährige mit einem Maximalpuls von z. B. 170 beim Radfahren: 60-75 % von 170 = 102-128. Diese 50-Jährige sollte also mit einem Puls von 102-128 ihre Radausfahrten tätigen, mehr nicht. Wem das zu wenig ist, der sollte seine Radausfahrt einfach verlängern! Da die Pulswerte beim Radfahren stark vom Profil der Strecke und von den äußeren Bedingungen,

wie z. B. Wind, abhängen, geht es hierbei um den mittleren Pulswert während des Radtrainings. Jetzt kann es aber wirklich losgehen, aber bitte nicht mit Gewalt, sondern mit Lockerheit und Spaß an der Bewegung. Wer als absolute Einsteigerin sechs Wochen lang durchhält, wird danach in den Genuss einer freudbetonten Bewegung gelangen.

So könnte Ihr Trainingsmonat April aussehen.

Bemerkungen: Die einzelnen Trainingstage sind selbstverständlich austauschbar. Versuchen Sie jedoch, den Umfang beizubehalten.

Woche 1

Sportart	Zeit in Minuten	Vorschlag: Wochentag
R, locker	30	Di.
L, evtl. mit Gehpausen	20	Do.
R, locker	40	Sa. oder So.

Woche 2

Sportart	Zeit in Minuten	Vorschlag: Wochentag
L, evtl. 10 min flott	20	Di.
R, locker	50	Do.
L, ruhig	30	Sa.
Lieblingsdisziplin	40	So.

Woche 3

Sportart	Zeit in Minuten	Vorschlag: Wochentag
R, 15 min flott	45	Di.
L, ruhig	25	Do.
R + L, beides ruhig Wechseltraining	50 + 10	Sa.
Regeneration	z. B. Wanderung	So.

Woche 4

Sportart	Zeit in Minuten	Vorschlag: Wochentag
R, 15 min. zügig	30	Di.
L, locker	20	Do.
S, 8 x 50 m	20-30	Sa.
Lieblingsdisziplin	40-60	So.

Beachten Sie bitte: Beim Laufen sind für Einsteigerinnen auch Laufpausen erlaubt (z. B. 2-5 min Gehpausen). Beim Radfahren unbedingt locker kurbeln.

Weitere Tipps zum Radtraining

- Der Sicherheit wegen stets mit Helm und hellem, farbenfrohen Radtrikot fahren.
- Reserveschläuche und Mindestreparaturset mitführen.
- Flaschenhalterung am Rad anbringen.
- Immer etwas Trink- und Essbares mitführen.
- Bei Anstiegen rechtzeitig schalten.
- Sonnenbrille schützt vor Sonne, Mücken und Wind.
- Auf optimale Drehzahl pro Minute achten. Die optimale Drehzahl beträgt ca. 100 Umdrehungen pro Minute. Das schafft kaum eine Einsteigerin. Deshalb jeden Monat die Drehzahl um 10 erhöhen, wobei 70 Umdrehungen die Mindestdrehzahl in der Ebene sein muss und auf jeden Fall 90 angestrebt werden sollten.
  - April: Mindestens 70 Umdrehungen pro Minute radeln.
  - Mai: 80 Umdrehungen.
  - Juni: 90 Umdrehungen.
  - Ab Juli 90-100 Umdrehungen pro Minute:

  Dies überprüfen wir durch einfaches Zählen der Kurbelumdrehungen je 30 Sekunden und multiplizieren dieses Ergebnis mit 2. Es gibt auch Fahrradtachometer, die die Umdrehungszahl pro Minute anzeigen.
- Richtige Sattelhöhe beachten:
  Setzen Sie sich aufs Rad und halten Sie sich an einer Wand fest. Bringen Sie die Pedale in die tiefste Stellung. Setzen Sie Ihre Ferse auf die Pedale. Der Sattel muss nun so hochgestellt werden, dass Sie Ihr Knie – bei der beschriebenen Position – nur ganz leicht gebeugt haben.

4.1.2 Trainingsmonat Mai

Unsere Quereinsteigerinnen dürfen (nicht müssen) jede Trainingseinheit um 10 Minuten verlängern.

Woche 5		
Sportart	Zeit in Minuten	Vorschlag: Wochentag
L, locker	25	Di.
R, 20 min flott	50	Do.
S, 10 x 50 m	30	Sa.
L, 10 min zügig	30	So.

Woche 6		
Sportart	Zeit in Minuten	Vorschlag: Wochentag
R, gleichmäßig	45	Di.
L, ruhig	25	Do.
R + L, beides locker Wechseltraining	50 + 15	Sa.
S, 6 x 50 m + 2 x 100 m	30	So.

Die ersten sechs Wochen sind vorbei. Ab jetzt macht das Training mehr und mehr Spaß, da die Bewegungsabläufe flüssiger werden. Wer bereits seine Fitness überprüfen möchte, kann das mithilfe des Cooper-Tests tun (Kap. 4.9.5).

An sehr warmen Sommertagen verlegen wir unser Training in die frühen Morgen- oder späten Abendstunden. Zudem dürfen wir, ohne ein schlechtes Gewissen zu haben, eine Laufeinheit durch eine Radeinheit ersetzen.

Wer gerne läuft, darf getrost seinen ersten Volkslauf bestreiten. Besonders geeignet sind Volksläufe über 5 oder 10 km.

Auf dem Rad sind jetzt im Mai mindestens 80 Umdrehungen pro Minute zu beachten. Nach wie vor gelten unsere bisherigen Prinzipien, insbesondere das lockere und unterhaltsame Training. Ab jetzt dürfen aber schon mal kurze, zügige oder flotte Abschnitte eingestreut werden.

Woche 7		
Sportart	Zeit in Minuten	Vorschlag: Wochentag
L, locker	25	Di.
R, ruhig	45	Do.
Evtl. Volkslauf 5 km		Sa.
S, ruhig 10 x 50 m	20-30	So.

Woche 8		
Sportart	Zeit in Minuten	Vorschlag: Wochentag
L, ruhig	30	Di.
R, 20 min zügig	60	Do.
S, 3 x 100 m + 4 x 50 m	30	Sa.
L, evtl. Fitnesstest	30	So.

Beachten Sie bitte:
Beim Laufen sind für Einsteigerinnen auch Laufpausen erlaubt (z. B. 2-5 min Gehpausen). Wechseltraining in Woche 6: lockeres Radfahren mit anschließendem lockeren Traben. Hier erfahren wir wieder unseren „Elefantenlauf". Nach dem Radfahren zu laufen, ist für jeden eine neue Erfahrung. Keine Sorge, beim nächsten Mal geht es schon besser!

Woche 7: Beim Volkslauf ganz unbelastet, aber schon flott laufen. Anschließend 10 Minuten auslaufen und das Dehnen nicht vergessen.

In **Woche 8** darf beim Radfahren nach dem Einrollen (Aufwärmen) eine 20-minütige flotte Fahrt eingebaut werden. Anschließend wird wieder locker ausgerollt.

Zum Glück haben nun auch die Freibäder geöffnet, sodass wir mit unserem Schwimmprogramm beginnen können. Es muss noch kein richtiges Schwimmtraining sein. Ruhiges Schwimmen mit kurzen Pausen an den Beckenenden ist angesagt.

Das Radfahren mit einem stramm aufgepumpten Rad macht die geringsten Probleme. Denken Sie bitte an die Drehzahl und an die richtige Sattelhöhe. Ihre Knie werden es Ihnen danken! Beim Laufen sind nach wie vor kürzere Pause erlaubt. Die Unterhaltung dabei nicht vergessen!

Einige Grundzüge zum Schwimmen

Hilfreich ist das Tragen einer Schwimmbrille, die nicht beschlägt und zudem dicht ist. Unser Schwimmtraining besteht nicht aus einem Dauerschwimmen von 20 oder 30 Minuten, sondern aus Schwimmphasen und kurzen Pausen an den Beckenenden. Die Pausen von 15-30 Sekunden dienen der kurzen Erholung und der Überprüfung der Schwimmtechnik. Wer z. B. 500 m schwimmt, kann sich diese aufteilen in: 4 x 50 m, je 20 s Pause + 2 x 100 m, je 30 s Pause + 2 x 50 m. Es kommt zu diesem Zeitpunkt keinesfalls auf die Geschwindigkeit an, angesagt ist ruhiges Schwimmen mit einer gleichmäßigen Atmung. Dies gilt sowohl für die Brustschwimmerinnen als auch für diejenigen, die die Kraultechnik bereits beherrschen.

Das Brustschwimmen

Die Grundtechnik lässt sich in fünf Phasen kurz zusammenfassen:

Phase 1:	Körperlage: Diese ist möglichst gestreckt und waagerecht, die Handflächen zeigen nach außen. Der gestreckte Kopf taucht dabei zu zwei Dritteln ins Wasser ein.
Phase 2:	Armzug: Der Armzug beginnt, wenn die Arme nach außen gezogen werden. Durch Mund und Nase wird ausgeatmet.
Phase 3:	Einatmung: Der Armzug wird beendet, gleichzeitig wird eingeatmet. Der Beinzug beginnt durch Beugen im Kniegelenk.
Phase 4:	Anfersen: Die Fersen bis nahe ans Gesäß ziehen.
Phase 5:	Ausatmung und Streckung des Körpers: Beim Ausatmen – möglichst ins Wasser – erfolgt die Streckung der Arme nach vorne, die Beine holen aus zur seitlichen Schwunggrätsche. Hierbei erfolgt eine kurze Gleitphase!

Das Kraulschwimmen ist eine technisch anspruchsvolle Sportart, aber es ist sehr reizvoll, diese Fortbewegungsart im Wasser zu erlernen. Mehr dazu später.

4.1.3 Trainingsmonat Juni

Der nächste große Trainingsschritt auf unserem Weg zum ersten Jeder-Frau-Triathlon, oder auch Volkstriathlon genannt, erfolgt im Juni. Für alle geht es ums „Finishen" bei einer Distanz von 500 m Schwimmen, 20 km Radfahren und dem abschließenden 5-km-Lauf.

Wenn die Distanzen bei Ihrem ausgewählten Triathlon einige hundert Meter beim Schwimmen und Laufen und beim Radfahren gar einige Kilometer länger sind, so schaffen Sie das mit den vorgeschlagenen Trainingseinheiten auch. Wenn es Sie beruhigt, dürfen Sie auch gerne ein wenig mehr trainieren. Zu beachten ist allerdings die Intensität.

Unser Motto lautet:	„Lieber etwas länger und ruhiger als *kürzer und flotter*".

Woche 9

Sportart	Zeit in Minuten	Vorschlag: Wochentag
R, 20 min zügig	45	Di.
L, locker	30	Do.
R + L Wechseltraining	50 + 10	Sa.
S, 50, 100, 200, 100, 50 m	30	So.

Woche 9: Wechseltraining: Nach dem Einrollen 30 Minuten flotte Fahrt auf dem Rad und einem anschließenden lockeren Lauf.

Woche 10

Sporteln nach Lust und Laune
3 x 30-45 Minuten sollten es jedoch mindestens schon sein.

In **Woche 10** folgt zur Belohnung eine „Jokerwoche". Jede Form der Bewegung ist erlaubt. Bitte alles registrieren! Um die bereits gewonnene Fitness weiter zu verbessern, sollten es mindestens drei sportliche Einheiten sein. Ab jetzt können wir langsam unserem Finale, dem Triathlon, entgegenfiebern.

Woche 11

Sportart	Zeit in Minuten	Vorschlag: Wochentag
L, 15 min flott	30	Di.
R, 2 x 10 min flott	60	Do.
S, 100, 200, 200 m	30	Sa.
L, locker	30	So.

In **Woche 11** darf beim Radfahren nach dem Einrollen eine 2 x 10-minütige flotte Fahrt eingebaut werden. Zwischendurch und auch anschließend wird wieder locker gekurbelt.

Woche 12

Sportart	Zeit in Minuten	Vorschlag: Wochentag
R, locker	50	Di.
L, ruhig	25	Do.
R + L, Wechseltraining	60 + 15	Sa.
S, 100, 300, 100 m	30	So.

Woche 12: Wechseltraining: Nach einer lockeren Tour auf dem Rad versuchen wir diesmal, einen flotten 15-minütigen Lauf abzuspulen.

Woche 13

Sportart	Zeit in Minuten	Vorschlag: Wochentag
R, locker	50	Di.
L, ruhig	25	Do.
R + L, Wechseltraining	60 + 15	Sa.
S, 100, 300, 100 m	30	So.

Woche 13: Das Wechseltraining beginnt Spaß zu machen. Eine flotte Fahrt auf dem Rad wechselt mit einem beschaulichen Lauf. Genießen Sie dieses Wechselspiel!

Ein paar Tipps für die Junietappe

An sehr warmen Sommertagen verlegen wir unser Training in die frühen Morgen- oder späten Abendstunden. Zudem dürfen wir, ohne ein schlechtes Gewissen zu haben, eine Laufeinheit durch eine Radeinheit ersetzen. Auf dem Rad sind jetzt im Juni mindestens 90 Umdrehungen pro Minute zu beachten! Nach wie vor gelten unsere bisherigen Prinzipien, insbesondere das lockere und unterhaltsame Training. Ab jetzt dürfen aber schon mal kurze, zügige oder flotte Abschnitte eingestreut werden. Wer mit dem Pulsmesser unterwegs ist, sollte sich nicht stärker belasten als 180 MINUS Lebensalter. Versuchen wir, nach wie vor mit Gleichgesinnten zu trainieren, wobei die Langsamere das Tempo angibt, nicht die Schnellere!

Ein wichtiger Sicherheitstipp noch zum Radfahren: Tragt bitte helle und farbenfrohe Radtrikots (rot, gelb, orange), der Sicherheit wegen!

Hier einige Möglichkeiten, wie sich das **Schwimmtraining** gestalten lässt:

Ziel: **500 m Schwimmen:** 4 x 50 m einschwimmen, wenn möglich, z. B. abwechselnd Brust-Rücken-, Kraulstil, mit je 20-30 Sekunden Pause.

200 m unterteilen in 2 x 100 m, wobei die letzten 20 m etwas zügig ausgeführt werden.

Ausschwimmen: locker 2 x 50 m.

Ziel: **800 m schwimmen:** Ein- und Ausschwimmen wie vorher, dann 2 x 200 m + 1 x 100 m, wobei die letzte halbe Bahn etwas flotter geschwommen wird.

Ziel: **1.000 m schwimmen:** Ein- und Ausschwimmen je 200 m, dann Pyramidenschwimmen wie folgt: eine Bahn, zwei Bahnen, drei Bahnen, drei Bahnen, zwei Bahnen, eine Bahn. Pause jeweils 20-30 Sekunden.

Um die eigene Schwimmtechnik zu überprüfen, kann es sehr hilfreich sein, die Anzahl der Züge je Bahn mitzuzählen. Je weniger Züge, umso besser die Technik! Ruhige, kraftvolle Züge bringen uns schneller voran als kurze, hektische Bewegungen.

Findet Ihr Triathlon in einem Freigewässer statt, so sollten Sie Ihr Training einige Male ebenfalls dort durchführen. Schwimmen Sie hier besonders ruhig und in Begleitung. Fortgeschrittene schwimmen beliebig lange Abschnitte im Wechsel ruhig und zügig.

Ein paar Tipps zum Training bei Hitze

Wer wünscht sich beim Laufen und Radfahren nicht unbedingt schönes Wetter? Schön kann aber auch bedeuten – hohe Temperaturen und Schwüle. Dann sollten Sie beim Training die zuvor genannten Punkte beachten:

- Sehr frühzeitig mit dem Trinken beginnen.
- Vor, während und nach dem Training reichlich trinken.
- Helle Kleidung und Mütze tragen.
- Bei Anzeichen von Überhitzung unbedingt die Belastung verringern und für eine noch größere Flüssigkeitsaufnahme sorgen.
- Sonnenschutzcreme vor dem Training auftragen, aber unbedingt die Stirnfläche freilassen.
- Laufeinheit durch eine Radeinheit ersetzen.

4.1.4 Trainingsmonat Juli

Für viele Sportlerinnen fällt diese Etappe in die Urlaubszeit. Hier bietet sich ein kleines Blocktraining an. Das bedeutet ganz konkret: in einer Woche hauptsächlich laufen, in der zweiten Woche überwiegend Radfahren und in der dritten Woche steht das Schwimmen im Vordergrund unseres Trainings. Dabei wird die bevorzugte Sportart 3 x in der Woche trainiert, die anderen jeweils nur 1 x.

Die Reihenfolge der Schwerpunktwochen sollte jeder für sich festlegen. Hierbei spielen sicherlich das Wetter, die vorhandene Freizeit, aber auch der Beruf und die Familie eine entscheidende Rolle. Nachfolgend wählen wir bei den Vorschlägen die Reihenfolge Lauf-, Schwimm- und Radwoche. Dies bringt den Vorteil mit sich, dass sich jeder von der eventuell anstrengenden Laufwoche während der Schwimmwoche gut erholen kann.

Auf dem Rad sind jetzt im Juli 90-100 Umdrehungen pro Minute zu beachten! Nach wie vor gelten unsere bisherigen Prinzipien, insbesondere das lockere und unterhaltsame Training. Es dürfen wieder kurze, flotte Abschnitte eingestreut werden.

Woche 14: Laufwoche. Wer Spaß an Wettbewerben hat, darf ruhig einen 5-km-Lauf einstreuen. Aber, Achtung: Bei großer Hitze das Lauftempo ein wenig drosseln! Von den drei Läufen darf einer schon etwas flotter gelaufen werden. Die beiden anderen gewohnt locker!
1 x Dauerschwimmen, 2 x 250 m ganz ruhig. Das Radfahren hängen wir an den Samstagslauf an.

Woche 15: Schwimmwoche: Auch wer nicht gerne schwimmt, sollte sich überwinden und 3 x das kühle Nass aufsuchen. Ruhiges Schwimmen mit einigen flotten

Abschnitten und ausreichenden Pausen steht hier im Mittelpunkt. Schwimmprogramme wie im Juni.

Woche 16: Radwoche: Neben zwei gewohnt lockeren Fahrten darf die dritte Radausfahrt ein bisschen flotter sein. Nach dem Einrollen eine 2 x 15-minütige flotte Fahrt mit einer 10-minütigen ruhigen Fahrpause bringt uns richtig in Schwung. Anschließend laufen wir 10 Minuten locker aus. Die lockeren Radausfahrten verbessern insbesondere unsere Grundlagenausdauer. Daher sollte hier auch schon mal die Ein-Stunden-Grenze überschritten werden. Wer besonders gerne Rad fährt, darf auch gerne zwei Stunden lang locker radeln.

Unsere Quereinsteigerinnen können wieder jede Trainingseinheit um 10 Minuten verlängern.

Woche 14

Sportart	Zeit in Minuten	Vorschlag: Wochentag
L, 15 min flott	25	Di.
L, locker	30	Do.
L + R	30 + 45	Sa.
S, 2 x 250 m	20-30	So.

Woche 15

Sportart	Zeit in Minuten	Vorschlag: Wochentag
S, 100 m ruhig, 100 m flott im Wechsel	30	Di.
L, locker	35	Do.
S, 50, 400, 50 m	20-30	Sa.
S + R, beides locker	30 + 50	So.

Woche 16

Sportart	Zeit in Minuten	Vorschlag: Wochentag
R, 2 x 15 min flott	70	Di.
R, locker	50	Do.
R + L, Wechseltraining	60 + 10	Sa.
S, 600 m am Stück, locker	30	So.

Woche 17

Sportart	Zeit in Minuten	Vorschlag: Wochentag
R, ruhig	50	Di.
L, 10 min flott	30	Do.
R + L, Wechseltraining	60 + 15	Sa.
S, 400 + 400 m	30	So.

Woche 17: Wechseltraining: Nach einer lockeren Tour auf dem Rad versuchen wir diesmal, einen flotten 15-minütigen Lauf abzuspulen.

Wer bereits im Juli seinen Triathlon bestreitet, plant für die letzte Woche nur noch ein lockeres Training in folgender Form:

Wettbewerbswoche 18

Sportart	Zeit in Minuten	Vorschlag: Wochentag
L, locker	30	Di.
R, locker	50	Mi.
S, ruhig 500 m + 300 m	30	Do.
Triathlon	500 m/20 km/ 5 km	Sa./So.

Bereits eine Woche vor dem Wettbewerb sollten wir unser Rad überprüfen (Mäntel, Schrauben, Schaltung usw.) und mit der Organisation unseres Triathlonwettbewerbs beginnen.

4.1.5 Mein Triathlontag

Die organisatorischen Vorbereitungen für einen Triathlonwettbewerb lassen sich mit kaum einer anderen Sportart vergleichen. Ganz bewusst möchten wir nur von „Wettbewerb" und nicht von „Wettkampf" reden. Kämpfe werden in anderen Bereichen genügend ausgetragen. Wer von den Vorbereitungen eines 10-km-Laufs ausgeht, stellt sehr schnell fest, dass es beim Triathlon eine Reihe weiterer beachtenswerter Aspekte gibt.

Aber genau die generalstabsmäßige Organisation des eigenen Wettbewerbs ist es u. a., die den Triathlon so interessant und spannend macht. Da häufig auf die Sportordnung der einzelnen Länder verwiesen wird, diese jedoch nicht beigefügt ist, hier die wichtigsten Punkte, deren Nichtbeachtung eine Disqualifikation nach sich ziehen kann.

- Radfahren nur mit Helm.
- Beim Radfahren Startnummer auf dem Rücken tragen.
- Beachtung der Straßenverkehrsordnung, da die Straßen in der Regel nicht abgesperrt sind.
- Verbot des Windschattenfahrens, also mindestens 10 m Abstand zur Vorderfrau einhalten.
- Beim Laufen Startnummer vorn tragen.
- Betreuung und Hilfe von außen ist verboten.

Einen Tag vor dem Wettbewerb sind dann folgende Ausrüstungs- und Bekleidungsgegenstände einzupacken. Ein Teil der Ausrüstungsgegenstände richtet sich nach der Witterung und der Wettbewerbsdistanz.

Vor dem Wettbewerb benötigen Sie:
- Startunterlagen.
- Leicht verdauliche Mahlzeit drei Stunden vor Wettbewerbsbeginn.

Zum Schwimmen benötigen Sie:
- Badeanzug, -kappe.
- Schwimmbrille, Ohrenpfropfen, eventuell Handtuch.

Zum Radfahren benötigen Sie:
- Rad, ausgestattet mit Luftpumpe, einem Ersatzschlauch, volle Trinkflasche.
- Energieriegel, die mit Klebestreifen am Rahmen befestigt werden können.
- Helm, Brille, eventuell Radschuhe, eventuell Radhose, Top oder Radtrikot.
- Gummiband mit befestigter Startnummer, eventuell Radhandschuhe.

Zum Laufen benötigen Sie:
- Eingelaufene Schuhe mit Schnellverschluss.
- Eventuell Lauftrikot mit Startnummer vorn, ansonsten wird die Nummer am Gummiband von hinten nach vorn gedreht.
- Eventuell T-Shirt.

Nach dem Wettbewerb benötigen Sie:
- Trockene Kleidung, bequeme Schuhe, Duschzeug, Handtuch.
- Getränke und Speisen, die den Wasser- und Mineralstoffverlust sowie den Energieverlust ausgleichen.

Einrichten der Wechselzone am Tag des Triathlons

Jetzt wird es langsam ernst! Manchmal fragen sich kurz vor Beginn des Wettbewerbs nicht nur Einsteigerinnen, sondern auch gestandene Triathletinnen: „Warum muss ich mir das hier heute antun?" oder: „Muss das denn heute wirklich sein?" Diese jetzt auftretenden Zweifel deuten eigentlich auf die richtige Einstellung hin. Sicherlich muss „das" hier heute nicht sein. Sicherlich kann jede Athletin auch ohne den Reiz eines Triathlonwettbewerbs leben, aber ... Dieses „Aber" ist es, was die Faszination des Triathlons mit ausmacht. Diese Anspannung vor dem Wettbewerb ist o. k. Mit dem Startschuss sind jedoch alle auftretenden Zweifel plötzlich wie weggefegt. Darum lasst uns in aller Ruhe und mit Sorgfalt an die Einrichtung der Wechselzone herangehen!

Eine ganze Stunde vor Beginn des Triathlons ist Folgendes zu bedenken und zu berücksichtigen:
- Das Rad muss einen sicheren Halt in seinem Ständer haben. Auf dem Lenker ist der richtige Platz für den Helm und die Brille.

- Die Trinkflasche ist gefüllt, richtig zugedrückt und sitzt richtig in der Halterung.
- Die Ersatzschläuche und Luftpumpe gehören zur festen Ausstattung und sollten sich ständig am Rad befinden. Kontrollieren Sie, ob auch die beiden Mantelabzieher vorhanden sind. Wir wollen finishen und das kann eventuell auch die Behebung eines Plattfußes erforderlich machen.
- Die Radschuhe sind entweder in das Pedalsystem einzuklicken oder neben das Rad zu legen. Ob im Wettbewerb Socken getragen werden oder nicht, ist einfach Gewohnheitssache.
- Wird ein Radtrikot benötigt, legt man dieses am oder auf dem Rad ab.
- Als Unterlage für die verschiedenen Kleidungsstücke kann ein Handtuch dienen, das eventuell sogar zum Abtrocknen verwendet werden kann.
- Als sehr hilfreich hat sich für den Wechselbereich eine zusammenklappbare Einkaufskiste erwiesen.
- Nach der Rückkehr von der Radstrecke müssen auf jeden Fall die Laufschuhe und bei Sonneneinstrahlung eine Laufmütze bereitliegen. Eventuell noch ein leichtes Lauftrikot sowie eine Laufhose.
- Für kühle Witterungsverhältnisse sollte lieber eine Windjacke oder ein T-Shirt mehr bereitgelegt werden.

Wichtige Tipps für das Rennen:

1. 15 Minuten vor dem Start nochmals den Wechselplatz aufsuchen und kontrollieren, ob alles richtig bereitliegt (Reifendruck prüfen).
2. Beim Schwimmen mit den anderen Teilnehmern kurze Absprache, in welcher Reihenfolge losgeschwommen wird (erspart unnötige Positionskämpfe).
3. Achtung, der Wettbewerb ist nicht nach 200 m Schwimmen beendet!
4. Also, mit ruhigen und kräftigen Zügen beginnen!
5. Beim Radfahren regelmäßig trinken und möglichst 90 Umdrehungen pro Minute treten. Auf dem letzten Kilometer etwas Fahrt herausnehmen und locker ins Ziel kurbeln. Radhelm erst beim Abstellen des Rades öffnen.

6. 5 km laufen ist nicht mehr sehr weit. Dafür ziehen wir daheim nicht mal die Laufschuhe an! Versuchen Sie, Ihren eigenen Rhythmus zu laufen und richten Sie sich nicht nach anderen. Auch die letzte Disziplin soll Spaß machen! Sie kommen dem Ziel immer näher! Sie schaffen es, Sie sind eine Triathletin, ein Mensch mit „Kern".
7. Genießen Sie die letzten 500 m besonders intensiv.
8. Sie können stolz auf sich sein!
9. Gratulation zur Triathlonfinisherin!

4.1.6 Trainingsmonat August

Wir überprüfen unsere verbesserte Kondition mithilfe des Cooper-Tests. Um wie viele Stufen haben Sie Ihre Fitness verbessert? (Kap. 4.9.5)

In **Woche 18** darf beim Radfahren nach dem Einrollen eine 2 x 10-minütige flotte Fahrt eingebaut werden. Zwischendurch und auch anschließend wird wieder locker gekurbelt.

Beim Schwimmen versuchen wir, nach dem Einschwimmen eine Bahn flott und die nächste Bahn ganz locker auszuführen.

Woche 19: In dieser ruhigen Woche stehen keine flotten Abschnitte auf dem Programm. Hier machen wir alles spielerisch, so wie es uns Kinder vormachen. Mit Freude, nicht mit Gewalt wird trainiert, und es geht, wenn wir nur wollen. Versuchen wir, nach wie vor mit Gleichgesinnten zu sporteln, wobei die Langsamere das Tempo angibt, nicht die Schnellere! Auch das Wechseltraining locker und gelöst ausführen. Es klappt!

Woche 20: Wechseltraining: Nach einer lockeren Tour auf dem Rad versuchen wir diesmal, wieder einen flotten 15-minütigen Lauf abzuspulen.

Woche 21: Wettbewerbswoche wie Woche 18.

Woche 18		
Sportart	Zeit in Minuten	Vorschlag: Wochentag
R, 20 min flott	40	Di.
L, locker	30	Do.
Radfahren + Laufen, Wechseltraining	50 + 15	Sa.
S, flott/locker	30	So.

Woche 19		
Ruhige Woche	Zeit in Minuten	Vorschlag: Wochentag
L, ruhig	30	Di.
R, locker	60	Do.
S, ruhiges Dauerschw.	30	Sa.
L, locker	30	So.

Woche 20		
Sportart	Zeit in Minuten	Vorschlag: Wochentag
R, mit flotten Abschnitten	60	Di.
L, 10 min zügig	25	Do.
Radfahren + Laufen, Wechseltraining	60 + 15	Sa.
S, 4 x 200 m	30	So.

Wettbewerbswoche, siehe Woche 18

Bei der angesprochenen Aktion „Fit für den ersten Jeder-Frau-Triathlon" finishten alle 63 teilnehmenden Sportlerinnen und Sportler. Sie waren und durften zu Recht stolz auf ihre Leistungen sein. Überrascht hat Hermann dabei die sichtbare Freude der Teilnehmer während des gesamten Rennens. „Nicht immer sieht man so viele lockere und freudestrahlende Gesichter beim Sport", war sein erster Kommentar.

Verantwortlich dafür war die positive Einstellung zum Wettbewerb, die echte Freude daran, tatsächlich bei einem Triathlon zu finishen und damit zur Familie der Triathleten zu gehören. Die meisten Teilnehmer versicherten auch, dass sie durch das empfohlene Training so fit waren, dass sie noch hätten weiterlaufen können.

Genau diese Freude, diese Ausdauer, diese Einstellung und diese erreichte Fitness wünschen wir jeder Leserin!

Wie geht es weiter, fragten sich die Teilnehmer

In den zwei Wochen nach dem Triathlon jeweils 2 x locker die Lieblingsdisziplin trainieren. Wer seine erlangte Fitness behalten möchte, darf sich nicht mehrere Monate ausruhen und auf seinen Erfolg beim Jeder-Frau-Triathlon verweisen. Unser Körper verlangt ein regelmäßiges Bewegungsprogramm, das sich bei guter Einstellung relativ leicht in den Alltag integrieren lässt.

Vorschläge dazu siehe unter „Partnerfreundliches Training". Den meisten Triathleten geht es jedoch wie Marlies und Hermann. Sie haben Spaß an der vielseitigen Bewegung gefunden und möchten nun die zweite Stufe des Triathlons betreten, die olympische Distanz. Ein reizvolles Ziel!

Hilfe und Unterstützung bieten hierbei häufig ein geeigneter Trainingspartner, eine Partnerin oder gar eine kleine Trainingsgruppe. Dies gilt vor allem für die dunklen Herbst- und Wintermonate.

4.2 Training für die olympische Distanz

Nach einigen erfolgreichen Jeder-Frau-Distanzen sind die Abläufe eines Triathlons aus eigener Erfahrung bereits bekannt. Nun heißt es, das Training den höheren Ansprüchen anzupassen. Beginnen wir mit dem Abschluss der Jeder-Frau-Saison. Einerseits sind die, die Blut geleckt haben, so stark motiviert, dass ihnen die Zeit bis zum Mai des nächsten Jahres viel zu lang ist, nämlich sieben lange Monate, andererseits wissen wir, dass es noch andere Dinge im Leben gibt, die noch wichtiger sind als gute Ergebnisse beim Triathlon.

Gehen wir davon aus, dass Sie

- bedingt durch den Spaß an der Bewegung,
- der eigenen Leistung – die Sie früher nie für möglich gehalten haben,
- das Gefühl, fit zu sein,
- den Körper nun besser als je zuvor zu kennen
- und durch den Erfolg sehr stark motiviert sind

und sich deshalb noch intensiver mit dem Triathlon auseinandersetzen. Ruhig „Blut", auch das beste Ackerpferd benötigt seine Winterpause. Dies gilt besonders für die Frauen, die neben ihrem Beruf eventuell noch Familie und Kinder haben.

In den Monaten Oktober, November, Dezember, eventuell auch im Januar, ist aktive Ruhe angesagt. Das heißt, drei lockere Trainingstage in der Woche reichen für 2-3 Monate aus. Danach ist eine vierte Einheit empfehlenswert.

Bei entsprechendem Radwetter sollte eine ruhige 60 Minuten Radausfahrt erfolgen. Auf jeden Fall mindestens zwei Laufeinheiten pro Woche durchführen. Zur Trainingsauflockerung empfiehlt sich gelegentlich ein Volkslauf, aber bitte nicht mit vollem Einsatz. Der Spaß steht im Vordergrund. Wer den Winter nutzen will, um seinen Schwimmstil zu verbessern oder gar zu ändern, der sollte dies nach Möglichkeit unter Anleitung tun. Erfahrene Triathletinnen sind in der Regel dabei gern behilflich. Optimal wäre dies natürlich unter Anleitung eines erfahrenen Schwimmtrainers. So könnte eine Woche im Zeitraum Oktober bis Januar aussehen:

Trainingsvorschlag 1:	Wochentag z. B.
1 x Schwimmen, 50 min	Di.
Eventuell 1 x Radfahren, 60 min	Sa.
2 x Laufen, 1 x 10 km locker, 1 x 12 km mit Fahrtspiel	Mi./So.

Trainingsvorschlag 2: (für Trainingseifrige)	
2 x Schwimmen, 50-60 min	Di./Do.
2 x Laufen, 1 x ruhig, 1 x Fahrtspiel	Mi./So.
Eventuell Rad fahren 60-90 min	Sa.

Skilanglauf stellt eine hervorragende Ergänzung zum Triathlontraining dar. Hierbei werden Oberarm- und Beinmuskulatur gestärkt. Wenn die Witterungsbedingungen kein Radfahren mehr zulassen, ist es ratsam, eine Laufeinheit mehr einzulegen.

Auch allein mit Laufen und Schwimmen verbessern Sie weiter Ihre Kondition. Gibt es dann im März oder April wetter- und zeitbedingt ein günstiges Wochenende, so ist eine Intensivphase Rad zu empfehlen, z. B. Fr. 20-30 km, Sa. 40-50 km, So. 30-40 km.

Selbstverständlich kann jede Athletin sehr viel mehr trainieren, als es nachfolgend dargestellt wird. Beachten Sie dabei jedoch auch die häufig gemachten Fehler.

4.2.1 Typische Trainingsfehler

- *Keine Trainingsplanung*

Wer sich sportlich verbessern will, benötigt realistische Ziele, auf die er hinplant. Den Ausgangspunkt einer Trainingsplanung bildet der derzeitige Leistungsstand. Das Führen eines Trainingstagebuchs lässt Fehler erkennen und ermöglicht frühzeitige Korrekturen.

- *Zu hohes Tempo*

Triathletinnen, die ständig zu schnell trainieren, befinden sich fortwährend an ihrer Leistungsgrenze. Sie schwächen sich selbst und können sich im Wettbewerb nicht mehr steigern.

- *Zu hohe Umfänge*

Zu hohe Umfänge gehen auf Kosten einer guten Leistung, zu geringe ebenfalls. Daher muss jede Athletin für sich herausfinden, welche Umfänge und welche Intensitäten sie trainieren kann.

- *Zu viele Wettbewerbe*

Wer meint, an jedem Wochenende einen Wettbewerb bestreiten zu müssen, – in den Sommermonaten Triathlon, im Herbst Stadtläufe, im Winter Skilangläufe, im Frühjahr Crossläufe – der muss sich weder über Verletzungen, Erkrankungen, fehlende Motivation, Eintönigkeit, soziale Isolation u. a. negative Erscheinungen wundern.

- *Verzicht auf ausreichende Regeneration*

Nach jeder sportlichen Belastung muss eine Phase der Erholung folgen, ansonsten brennt der Körper aus und die Leistungsfähigkeit nimmt nicht zu, sondern ab. Einen absolut sportfreien Tag sollte sich auch die ambitionierteste Triathletin gönnen.

Wer nicht seine sportliche Leistungsfähigkeit ausreizen möchte, bei dem dürfen es auch zwei oder drei freie Tage in der Woche sein. Nicht zu vernachlässigen ist die große Regeneration in den Herbst- und Wintermonaten.

- *Motivationsprobleme*
Neue Zielsetzungen, die Teilnahme an besonderen Wettbewerben, Training in der Gemeinschaft, variable Trainingsintensität und -umfang und auch Tage ohne Sport fördern und erneuern die Motivation.

- *Kein Stretching*
Mithilfe einer angemessenen Dehngymnastik, insbesondere nach der Trainingsbelastung, werden die Muskeln geschmeidiger und leistungsfähiger. Stretching verstärkt die Elastizität der Muskeln, verbessert die Beweglichkeit der Gelenke, womit Muskelverkürzungen und späteren Überlastungen vorgebeugt wird.

- *Falsche Einstellung*
Wer verbissen seine sportlichen Ziele verfolgt, der wird nicht lange Ausdauersport betreiben. Der Spaß ist eines der wichtigsten Motive für den Sport. Rennen Sie niemals starren Trainingsplänen hinterher. Lieber mal eine Einheit ausfallen lassen, als ständig unter Druck zu stehen.

- *Falsche Ernährung*
Wer ein Auto fährt, der weiß, dass er auch den entsprechenden, technisch hochwertigen Treibstoff tanken muss. Genauso ist es bei Triathletinnen. Wer viel von seinem Körper verlangt, der muss ihm auch die richtige Nahrung zuführen. Wer seinen Körper als Müllverbrennungsmaschine betrachtet, der wird mittel- und langfristig wenig leistungsfähig sein.

4.2.2 Herausforderung: olympischer Triathlon

Für die meisten Triathletinnen stellt die olympische Distanz eine große Herausforderung dar. Diese Distanz, die auch als *Kurzdistanz* bezeichnet wird, umfasst bereits drei ausgewachsene Ausdauerdisziplinen. Wer 1.500 m schwimmt, 40 km Rad fährt und abschließend noch 10 km läuft, der sollte schon einige Trainingserfahrungen besitzen. Aber, keine Sorge, Sie müssen kein Triathlonprofi sein, um diese Strecken bewältigen zu können. Der Trainingsaufwand, der für diese Strecken erforderlich ist, hält sich in Grenzen. Selbstverständlich gibt es auch hier wiederum Frauen, die einfach nur diese Distanzen im Wettbewerb zurücklegen wollen, eben finishen möchten und andere, die ambitioniert zu Werke gehen und sich mit dem „nur finishen" nicht zufrieden geben.

Für jede von Ihnen einen exakten Trainingsplan vorzulegen, ist ein unmögliches Unterfangen, weil jede von Ihnen ein völlig anderes individuelles Umfeld aufweist. Daher werden nachfolgend einige Leitlinien und konkrete Beispiele aufgezeigt, wie Sie trainieren können und nicht müssen! Sie sollten jedoch unbedingt diese Leitlinien und Vorschläge Ihren persönlichen Bedürfnissen anpassen.

Die olympische Distanz bietet allen Triathletinnen die Chance, ihr Ausdauervermögen über einen Zeitraum von ca. drei Stunden im Wettkampf unter Beweis zu stellen. Hier bedarf es schon eines systematischen Trainings, um die sportlichen Möglichkeiten auszuschöpfen.

Diese Kurzdistanz ist reizvoll für:

- Die „Einsteigerin", die nach einem Jahr Training und Absolvierung einer oder mehrerer Jeder-Frau-Distanzen ihre Ziele etwas höher stecken möchte.
- Die „Quereinsteigerin", die bereits in anderen Ausdauersportarten Erfahrungen gesammelt hat und nun die Faszination der drei Ausdauersportarten erleben möchte.
- Die „Wettkampfsportlerin", die von Natur aus im triathletischen Sinne ein Sprintertyp ist und sich auf der olympischen Distanz zu Hause fühlt.
- Die „Leistungssportlerin", die auf Grund ihrer hohen Grundschnelligkeit und ihres Trainingsumfangs ihre Erfolge auf der Kurzstrecke sucht und findet.

Wenn nachfolgend von *ambitionierten Sportlerinnen* gesprochen wird, so sind damit sowohl die *Wettkampf-* als auch die *Leistungssportlerinnen* gemeint. Beide gehen ja mit einem besonderen Engagement ihrer sportlichen Betätigung nach.

Die Anzahl der Wettbewerbe, die eine Triathletin pro Saison bestreiten kann, sind auf der olympischen Distanz etwa so verteilt:

- Einsteigerinnen: 3-5
- Wettkampfsportlerinnen: 5-8
- Leistungssportlerinnen: 10

4.2.3 Hilfreiche Trainingsgröße: die Herzfrequenz (HF)

Die Herzfrequenz (HF)

Bei der **Herzfrequenz**, die oft auch als **Pulsfrequenz** oder **Pulswert** bezeichnet werden, sind **Ruhepuls**, **Maximalpuls** und **Trainingspuls** zu unterscheiden. Bei der Diskussion über Pulswerte müssen wir uns darüber im Klaren sein, dass diese so unterschiedlich sein können wie die Schuhgrößen der Athletinnen. Auch bei gleicher Leistung verschiedener Sportlerinnen sind deren Pulswerte unterschiedlich. Pulsfrequenzen hängen von verschiedenen Faktoren ab:

- Lebensalter (pro Lebensjahr verringert sich die maximale HF um ca. einen Schlag)
- genetische Veranlagung
- Fitnesszustand sowie
- Geschlecht (Frauen haben um 8-10 Schläge höhere Werte als Männer bei gleicher Belastungsintensität).

Ruhepuls

Wird die Herzfrequenz im Zustand der körperlichen Ruhe gemessen, so spricht man vom **Ruhepuls**. Dieser Wert bleibt, abhängig vom Trainingszustand, recht konstant. Bei einem Übertraining oder auch bei einer sich ankündigenden Infektionskrankheit ist ein Anstieg der Ruheherzfrequenz zu beobachten.

Der Ruhepuls bei untrainierten Personen beträgt etwa 65-80 Schläge/Minute, bei gut trainierten Triathletinnen dagegen 40-60. Bei Hochleistungssportlerinnen sind auch Werte unter 40 nicht ungewöhnlich. Ein sehr niedriger Ruhepuls bedeutet nicht automatisch eine größere Leistungsfähigkeit. Um gute Vergleichswerte zu erhalten, sollte der Ruhepuls am besten frühmorgens im Liegen gemessen werden. Die Messung des Ruhepulswerts ist in mehrfacher Hinsicht von großer Bedeutung:

- Ein langsam und gleichmäßig abnehmender Puls im Frühjahr gibt Aufschlüsse über den verbesserten Trainingszustand.
- Ein um 8-10 Schläge pro Minute erhöhter Wert weist auf gesundheitliche Störungen hin. Dies ist entweder ein Zeichen von Übertraining oder ein erstes Zeichen für einen gesundheitlichen Infekt, die Gefahr ist besonders groß während oder nach Trainingscamps.
- Bei erhöhtem Ruhepuls sollten Sie sofort Ihr Training reduzieren und nur noch regenerativ oder gar nicht trainieren.

Maximalpuls

Bei körperlicher Belastung steigt die Herzfrequenz an. Die Anzahl der Herzschläge pro Minute ist ein Maß für die momentane körperliche Belastung. Der Maximalpuls, also unser höchster Pulswert, hängt vom Trainingszustand, Alter und Geschlecht ab. Als grober Richtwert wird für Frauen häufig die Formel **226 minus Lebensalter** angegeben.

Wie sollten wir unseren Maximalpuls messen?

Voraussetzung für die Eigenmessung des Maximalpulswerts ist ein einwandfreier Gesundheitszustand. Liegt dieser nicht eindeutig vor, so sollte diese Messung nur unter ärztlicher Aufsicht, z. B. bei einem Belastungs-EKG, durchgeführt werden. Da die Maximalpulswerte auf Grund des unterschiedlich großen Muskelanteils beim Laufen, Radfahren und Schwimmen unterschiedlich groß sind, ist diese Messung in der jeweiligen Disziplin vorzunehmen. Am einfachsten geschieht das mit den heute gängigen, wasserdichten Pulsmessgeräten.

Maximale HF beim Laufen

15-20 Minuten Einlaufen mit anschließendem 1.000-2.000 m Langsprint, dies sorgt für den maximalen Pulswert beim Laufen. Eine sehr genaue Methode ist es für Wettkampfsportlerinnen, den Maximalpuls bei einem 5.000- oder 10.000-m-Wettbewerb beim Zielsprint zu ermitteln.

Maximale HF beim Radfahren

Nach einer halbstündigen Einrollphase mit kurzen Sprinteinlagen kann in der Ebene eine ca. 3-4 km lange Strecke mit maximaler Geschwindigkeit durchfahren werden. Wer einen längeren Anstieg zur Verfügung hat, kann diesen auswählen, um ihn mit höchstem Einsatz zu bewältigen. Die zu durchfahrende Streckenlänge richtet sich nach der Steigung. Der Maximalpuls beim Radfahren liegt in der Regel um 5-10 Schläge pro Minute niedriger als beim Laufen.

Maximale HF beim Schwimmen

Nach einer 500 m Einschwimmphase führt ein 200-400 m Langsprint zu den höchsten Pulswerten im Wasser. Dieser Wert kann zwischen 10 und 15 Schlägen pro Minute niedriger liegen als beim Laufen.

Der Trainingspuls

Die Pulsfrequenz beim Laufen ist generell die höchste. Die organische Belastung beim Radfahren und Schwimmen ist geringer als beim Laufen, folglich fallen auch die entsprechenden Pulswerte niedriger aus. Als Merkregel gilt:

> Pulsfrequenz beim Laufen = 5-10 Schläge pro Minute höher als beim Radfahren.

> Pulsfrequenz beim Laufen = 10-15 Schläge pro Minute höher als beim Schwimmen.

Ein Hinweis für die nachfolgenden Trainingsempfehlungen: Für die unterschiedlichen Trainingsintensitäten wurden folgende Bezeichnungen gewählt (die Prozentangaben beziehen sich auf die maximale Herzfrequenz der jeweiligen Sportart):

100 % vom max. Puls	Wettbewerbstempo
95 %	Sehr hartes Training
90 %	Hartes Training
85 %	Sehr flottes, zügiges Training
80 %	Flottes Training
75 %	Lockeres Training
70 %	Ruhiges Training
65 %	Sehr ruhiges, erholsames, müheloses Training, Regenerationstraining

Tab. 1: *Prozentwerte vom Maximalpuls (100 %)*

100 % Max. Puls	95 %	90 %	85 %	80 %	75 %	70 %	65 %	60 %
190	181	171	162	152	143	133	124	114
188	179	169	160	150	141	132	122	113
186	177	167	158	149	140	130	121	112
184	175	166	156	147	138	129	119	110
182	173	164	155	146	136	127	118	109
180	171	162	153	144	135	126	117	108
178	169	160	151	142	134	125	116	107
176	167	158	150	141	132	123	115	106
174	165	157	148	139	130	122	113	104
172	163	155	146	138	129	120	112	103
170	162	153	144	136	127	119	110	102
168	160	151	142	134	126	118	109	101
166	158	149	141	133	124	116	108	100
164	156	148	140	131	123	115	107	98
162	154	146	138	130	122	113	105	97
160	152	144	136	128	120	112	104	96
158	150	142	134	126	118	111	103	95
156	148	140	132	125	117	109	102	94
154	146	139	131	123	116	108	100	92
152	144	137	130	122	114	106	98	91
150	143	135	128	120	112	105	97	90
148	141	133	126	118	111	104	96	89
146	139	131	124	117	110	102	95	88
144	137	129	122	115	108	101	94	86
142	135	127	120	113	107	99	92	85
140	133	126	119	112	105	98	91	84
138	131	124	117	110	104	97	90	83

4.2.4 Weitere Trainingshinweise für das Schwimmen

Besonderheiten des Triathlonschwimmens

Das Schwimmen beim Triathlon unterscheidet sich in einigen wichtigen Punkten vom Schwimmen als Einzelsportart.

Triathlonschwimmwettbewerbe finden

- zumeist im offenen Gewässer und damit ohne exakte Orientierung,
- bei niedrigeren Temperaturen als im Bad,
- als erste von drei Ausdauerwettbewerben,
- in großen Gruppen

statt.

Hinzu kommt das Benutzen eines Neoprenanzugs. Wirken die ersten Punkte erschwerend gegenüber dem Schwimmen als Einzelsportart, so erleichtert der Neoprenanzug das Schwimmen im freien Gewässer durch seinen erhöhten Auftrieb.

Trotz allem gibt es, was die Schwimmtechnik betrifft, nur unwesentliche Unterschiede zwischen den beiden Schwimmwettbewerben. Hierzu zählt sicherlich die geringere Beinarbeit auf den langen Schwimmstrecken und die Tatsache, dass der Rhythmus und die Atmung den oft wechselnden Bedingungen anzupassen sind. Die geringere Beinarbeit beim Schwimmen im Triathlonwettbewerb lässt sich erstens damit begründen, dass die Beine bei den beiden folgenden Ausdauersportarten noch kräftig gefordert werden, und zweitens ermöglicht der Neoprenanzug eine verbesserte Wasserlage.

Ein Problem beim Triathlonschwimmen im offenen Gewässer stellt die Richtungseinhaltung dar. Was im normalen Becken durch schwarze Linien angezeigt wird und dazu verleitet, nur ungern sich durch Blicke nach vorne zu orientieren, ist draußen eine unabdingbare Notwendigkeit. Der Blick nach vorn auf ein fixiertes Ziel ist etwa alle 10 Züge anzuraten. Was nützt es der guten Schwimmerin, wenn sie durch Orientierungslosigkeit einige hundert Meter zu viel schwimmt? Auf die Vorderfrau sollten Sie sich im offenen Gewässer nicht verlassen, denn auch die kann sich verschwimmen.

Da nach dem Schwimmen zwei weitere ausgewachsene Ausdauerwettbewerbe folgen, macht es wenig Sinn, wenn Sie auf den letzten 300 m zum Endspurt ansetzen und dabei eine Sauerstoffschuld eingehen. Eine Schwimmerin kann sich die damit verbundene Übersäuerung der Muskulatur erlauben, denn nach dem Schwimmen ist ihr Wettbewerb beendet. Für eine Triathletin beginnt er erst so richtig nach dem Schwimmen: Wer übersäuert aus dem Wasser steigt, dabei vielleicht 20 Sekunden gewinnt, verliert mit Sicherheit während der erforderlichen Regeneration auf dem Rad in der ersten Phase 1-2 Minuten. Reduzieren Sie besser auf den letzten 200 m das Tempo und ermöglichen Sie sich dadurch einen zügigen Schwimm-Rad-Wechsel.

Welche Schwimmmöglichkeiten sollte die Triathletin nutzen?
- Trainingsgruppen im Schwimm- oder Triathlonverein.
- Die frühen Morgenstunden: Viele Bäder haben bereits ab 6 Uhr geöffnet, zudem wird zu dieser Zeit in der Regel sehr diszipliniert geschwommen.
- Abendstunden ab 19.00 Uhr.
- Im Sommer bieten sich vielfach Seen an. Aus Sicherheitsgründen stets zu zweit oder zu dritt schwimmen. Anfängerinnen, die sich im Freigewässer unsicher fühlen oder gar Angst haben, sollten im Freibad ihr Training absolvieren. Um die Ängste im Freiwasser abzubauen, eignet sich häufiges Schwimmen im Nichtschwimmerbereich oder ruhiges „Baden" in Begleitung eines Schlauchboots bzw. einer Luftmatratze.

Aufbau des Schwimmtrainings
Der Schwimmstil beim Triathlon ist beliebig. Zum Brustschwimmen haben wir einige Tipps in Kapitel „Trainingsmonat Mai" gegeben. Das Schwimmtraining ist wie das Lauf- und Radtraining nach folgendem Prinzip aufzubauen:

Zuerst die Basis trainieren, dann die Intensität!

Das bedeutet, dass sich jede Athletin im Vorbereitungszeitraum ein Fundament schafft, auf dem sie später aufbaut. Das geschieht zunächst in der Form, dass Sie auf Stoppuhren, auf Intervalle und ermüdende Trainingseinheiten verzichten und stattdessen moderate Distanzen schwimmen. Des Weiteren sollten Sie auf stilistische Arbeit Wert legen, für reichlich Abwechslung sorgen und eine Menge Spaß dabei haben. Der Beginn ist durch Grundlagenausdauertraining geprägt. 6-8 Wochen sollte diese Phase andauern, bevor kurze Intervalle ins Trainingsprogramm aufgenommen werden.

Das Einüben des Dreierzugs ist ebenfalls in der wettbewerbsfreien Zeit ratsam. Beim Dreierzug wird nach jedem dritten Atemzug abwechselnd nach rechts und nach links geatmet. Diese effektivere Schwimmtechnik lässt sich in den Wintermonaten jenseits allen Leistungsdrucks üben. Die Voraussetzung dafür bildet ein sehr kräftiges und gleichmäßiges Ausatmen unter Wasser während der Tauchphase. Der Dreierzug bringt Vorteile in der besseren Orientierung und eine günstigere Wasserlage. Beim Erlernen sollte ohne Uhr und ohne jeglichen Druck geschwommen werden, allerdings schon zügig, um nicht in der Hüfte abzuknicken oder sich hängen zu lassen. Denken Sie aber daran: Das Autofahren erlernen wir auch nicht bei Tempo 160!

Generell gilt für die gesamte Saison Folgendes:

- Die Effektivität des Armzugs kann durch einfaches Zählen der Schwimmzüge pro Bahn kontrolliert werden.
- Nie gegen das Wasser arbeiten, sondern mit ihm.
- Möglichst Schwimmpartnerinnen suchen, die gleich schnell sind.
- Zur Kontrolle der eigenen Technik auch mal einige Bahnen im Vierer- und Fünferzug zurücklegen. Diese Atemübungen sind wichtig und erleichtern den Dreierzug.
- Kontrolle des eigenen Armzugs unter Wasser.
- Ob bei Sprints oder lockerem Dauerschwimmen, stets auf optimale Technik achten.
- Schwimmpaddels geben im Training ein gutes Gefühl für eine saubere Zug- und Druckphase.
- Beim Schwimmen versuchen, stets locker zu bleiben. Auch mal bewusst lockere Bahnen ziehen. Oft sind diese gar nicht so langsam.
- Stets abwechslungsreich trainieren, d. h. innerhalb einer Woche nie 2 x die gleichen Intervalle schwimmen.
- Niemals in einen einheitlichen Trott verfallen. Wer immer die gleichen Streckenlängen mit derselben Geschwindigkeit absolviert, wird nie schneller.
- Aufwärm- oder Ausschwimmübungen eignen sich gut für spezielle Armzugübungen.
- Ein- und Ausschwimmen mit Lagenwechsel.
- Kurz vor dem Ausschwimmen 1 x 50 m als Trainingswettbewerb einlegen.
- Mindestens jede zweite Woche eine lange Ausdauereinheit einlegen, wie z. B. 1.000 m, 1.500 m, für Könner auch 2 x 1.000 m oder gar 3 x 1.000 m. Entweder wie im Triathlon mit möglichst gleichmäßigem Tempo oder jeweils die erste Hälfte einer Bahn verstärkt kraftvoll, die zweite Hälfte dagegen ruhiger und länger ziehen. Ein Fahrtspiel im Wasser über Frequenzänderungen.
- Schwimmen, wenn eben möglich, in der Gruppe trainieren. Stetes Alleinschwimmen kann mittel- und langfristig demotivieren.
- Das Freiwasserschwimmen nutzen für ruhiges Ausdauerschwimmen, nie alleine draußen schwimmen. Intervalle durch Zählen der Armzüge, z. B. 25 Züge flott, 25 Züge locker.
- Neoprenanzüge nur bei kühler Wassertemperatur und ein paar Mal vor Wettbewerben im Training tragen. Ständiges Trainieren im Neoprenanzug verschlechtert die Schwimmzeiten beim Triathlon, da die Trainingseffektivität nicht hoch genug ist.

Trainingsvorschläge

Das Schwimmtraining sehr variabel gestalten, da ein stures Bahnenschwimmen wenig motivierend wirkt und zudem kaum zu einer Verbesserung der Schwimmzeiten führt. Aus diesem Grund werden nachfolgend einige Schwimmprogramme aufgeführt, die sich jederzeit sehr leicht verändern lassen. Der Kreativität sind hier kaum Grenzen gesetzt.

Die Pulswerte beim Schwimmen liegen durchschnittlich um 10-15 Schläge in der Minute niedriger als beim Laufen. Schwache Schwimmerinnen erreichen oft auf Grund ihrer mangelnden Technik keine hohen Pulswerte.

Generell gilt es, jedes Trainingsprogramm entsprechend einzuleiten. Diese Aufwärmphase setzt sich zusammen aus einigen Dehnübungen und dem Einschwimmen von ca. 300 m. Erst danach erfolgt das eigentliche Trainingsprogramm. Den Abschluss bilden dann wiederum ein 200-300 m lockeres Ausschwimmen sowie ein Dehnprogramm.

Also: Leichtes Stretching + 300 m Einschwimmen + **Trainingsprogramm** + 200 m Ausschwimmen + Stretching.

Das Trainingsprogramm sollte dabei aus den nachfolgend aufgeführten Intervallen oder aus einem Dauerschwimmen bestehen:

Intervallmöglichkeiten im Hallen- oder Freibad
- 8 x 200 m, Wechsel sehr flott/ruhig, je 30 Sekunden Pause
- 5 x 100 m, je 30 Sekunden Pause + 500 m auf Zeit + 5 x 100 m
- Pyramidenschwimmen mit je 30 Sekunden Pause
  50/100/150/200/250/200/150/100/50 m
- 3-4 x 500 m, locker und sehr flott im Wechsel
- 200, 300, 500, 300, 200 m, mit je 30 Sekunden Pause

Intervallmöglichkeiten im Freigewässer
Beginn und Ende wie oben, dann
- 25 Züge flott, 50 Züge locker,
- 50 Züge flott, 100 Züge locker,
- 100 Züge flott, 200 Züge locker,
- 1 x Seebreite flott, 1 x Seelänge locker.

Test zur Formüberprüfung
Jeden Monat 1 x **Dauerschwimmen**
- 30 Minuten für Einsteigerinnen
- 45 Minuten für gut trainierte Athletinnen und/oder
- 1.000 m oder 2 x 1.000 m oder 4 x 500 m oder 1.500 m oder 2.000 m.

Dieses Dauerschwimmen sollte mit maximaler Intensität ohne Unterbrechung durchgeführt werden und ist als Gruppentraining besonders wegen der größeren Motivation zu empfehlen.

Tipps zum Schwimmtraining:
- Im Schwimmtraining viele Intervalle schwimmen mit kurzen Pausen. Wer immer ein monotones Tempo schwimmt, wird niemals schneller.
- Jede Schwimmeinheit abwechslungsreich gestalten.
- Regelmäßig auch in der Gruppe trainieren.
- Bedenken Sie: Die Verletzungsgefahr durch Überlastung der Gelenke, Bänder und Sehnen ist beim Schwimmen deutlich geringer als bei den anderen Ausdauersportarten.

Tipps zum Wettbewerb

- Möglichst frühzeitig anreisen.
- Längere Zeit vor dem Start den Startplatz genau begutachten.
- Den Verlauf der Schwimmstrecke rechtzeitig klären. Welche Bojen sind wie zu umschwimmen?
- 10 Minuten vor dem Start einschwimmen.
- Orientierungshilfen (Bojen, Gebäude, Türme, Bäume im Hintergrund und Ähnliches) rechtzeitig ausfindig machen.
- Realistische Einordnung in das Starterfeld.
- Möglichst schnell versuchen, eine gute Schwimmposition zu erreichen, eine Position, in der Sie relativ ungehindert schwimmen können.
- Versuchen Sie, möglichst schnell Ihren eigenen Schwimmrhythmus zu finden.
- Nicht in Schulterhöhe anderer Athletinnen schwimmen, da das aufgewühlte Wasser während der Atmungsphase leicht in den Mund geraten kann. Besser ist es, in Hüfthöhe der anderen Triathletinnen zu schwimmen, dies unterstützt ein optimales Gleiten im Wasser.
- Eigene Orientierungspunkte anpeilen. Sich nicht nur auf die Vorderfrau verlassen.
- Sich bei jedem 10. Zweier- oder Dreierzug durch kurzes Drehen des Kopfs nach vorn orientieren.
- Sich auch auf die eigene Technik konzentrieren.

4.2.5 Weitere Trainingshinweise für das Radfahren

Aerodynamik auf dem Rad

Der Luftwiderstand während des Radfahrens verdoppelt sich mit der Geschwindigkeit. Das heißt konkret: Bei einer Geschwindigkeit von 36 km/h ist der Luftwiderstand bereits doppelt so hoch wie bei 25 km/h. Eine gute Aerodynamik verringert also den Luftwiderstand ganz beträchtlich. Um diese zu erhalten, reicht es nicht aus, eine hochmoderne, superteure Rennmaschine zu besitzen, um dann alle anderen wichtigen Faktoren zu vernachlässigen. Demzufolge ist es wichtig, auf weitere Punkte zu achten, wie:

- Eng anliegende Radbekleidung.
- Die Knie sind dicht am Oberrohr und parallel zum Rahmen zu führen.
- Lenkervorbau bei Wettbewerben möglichst tief legen.
- Unterarme möglichst lange auf dem Triathlonlenker aufstützen.
- Am Lenker montiertes Trinksystem mitführen.
- Oberkörper ruhig halten. Bei zu großen Gängen beginnt der Oberkörper zu schaukeln.

Techniktraining

Das Techniktraining umfasst drei Punkte:
- das richtige Schalten,
- das richtige Bremsen und
- das richtige Fahren am Berg.

Das **richtige Schalten** bedeutet, dass der richtige Gang gewählt wird, und dies hängt auch von der Trittfrequenz ab. Diese sollte für Geübte normalerweise bei 100 Umdrehungen pro Minute liegen. Dadurch wird eine relativ geringe Belastung für die Knie erreicht und der so wichtige *runde Tritt* trainiert. Während der Wettbewerbe, bei denen mit etwas größerem Kraftaufwand gefahren wird, sollten 90 Umdrehungen erreicht werden. Für Anfängerinnen ist es jedoch äußerst schwierig, solche hohen Umdrehungen zu fahren.

Überprüfen Sie deshalb während der normalen Trainingsfahrten Ihre Trittfrequenz durch einfaches Zählen der Umdrehungen pro 30 Sekunden und multiplizieren Sie diesen Wert mit 2 oder leisten Sie sich für ein paar Euro einen Trittfrequenzzähler, der an Ihrem Radcomputer angeschlossen wird. Wenig Geübte auf dem Rad sollten versuchen, zunächst 80-90 Umdrehungen zu fahren, weil die Knie es Ihnen danken werden.

Weiterhin ist zu beachten, dass die Kette nicht zu schräg läuft. Der Grund hierfür liegt in den Reibungsverlusten begründet, wenn die Kette zu schräg läuft.

Abb. 2: *Kettenlauf*

Merke: Groß-klein oder klein-groß ergänzen sich!
Groß-groß oder klein-klein reiben sich!

Generell lernen Sie das Schalten am besten in leicht welligem Gelände mit vielen engen Kurven.

Das richtige Bremsen

Gleichmäßiges und gleichzeitiges Bedienen der Hinter- und der Vorderbremse will ebenfalls geübt und trainiert werden. Auch dazu eignet sich leicht welliges Gelände mit vielen engen Kurven. Das Bremsgefühl wird in vielen Kurven, die angebremst werden müssen, geschult.

Das richtige Fahren am Berg

Wie Sie einen bestimmten Berg hinauffahren – ob in der normalen Sitzposition oder im so genannten *Wiegetritt* – bleibt Ihnen selbst überlassen. Dieser Unterschied hängt von individuellen Eigenschaften ab. Wichtig bei Bergfahrten ist, dass Sie das Rad nicht in Schlangenlinien hinaufbewegen, sondern immer eine Linie einhalten, insbesondere gilt dies für das Vorderrad.

Wer im Training seine Bergtechnik überprüfen möchte, der sucht sich einen mittelschweren Berg aus, der mit einem breiten Randstreifen ausgestattet ist. Gleichgültig, ob Sie in sitzender Position oder im Wiegetritt hinauffahren, beobachten Sie Ihr Vorderrad und den weißen Randstreifen. Beachten Sie, dass Ihr Rad nicht in Schlangenlinien bewegt wird, vielmehr sollte es immer parallel zur weißen Linie gesteuert werden.

Ein rhythmischer Wechsel zwischen Sitzen und Stehen auf dem Rad ist jeweils nach ca. 10 Umdrehungen ebenso möglich. Bei Serpentinenfahrten kann der Wiegetritt in den engen und steilen Kurven bevorzugt werden, die sitzende Position hingegen auf den etwas flacheren Zwischenstücken. Auf den Abfahrten kommt es sehr wesentlich auf die richtige Bremstechnik an. Hierbei ist äußerste Konzentration erforderlich, um auf Rollsplittabschnitte, schlechte Wegstrecken, eventuelle Hindernisse oder enge Kurven rechtzeitig reagieren zu können.

Als Lenkerhaltung empfiehlt sich am Berg die obere Haltung. Diese liefert folgenden Vorteil: Ein leichtes Ziehen am Lenker erzeugt eine bogenförmige Körperspannung, die wiederum positive Auswirkungen auf die Kraftübertragung hat. Wenn leichtere Gänge mit höherer Trittfrequenz gefahren werden, entlastet dies auch die Lendenwirbelsäule.

4.6.2 Radtraining im Vorbereitungszeitraum

Das Grundlagentraining

Die Grundlagenausdauer stellt die Basis für die Entwicklung und Ausprägung von spezieller Ausdauer dar. Diese Basis wird durch Training mit niedriger Intensität bei großem Umfang geschaffen. Für den Triathlon erfolgt der Aufbau der Grundlagenausdauer im Winter und in der ersten Phase des Vorbereitungszeitraums.

Dieses Training kann in der eigentlichen Sportart, also im Schwimmen, Radfahren oder Laufen, stattfinden, muss aber nicht unbedingt. So kann die organische Basis für das Radfahren auch durch lange und ruhige Läufe bzw. Skilanglauf geschaffen werden. Mit einer guten Grundlagenausdauer ist jede Triathletin in der Lage, im weiteren Saisonverlauf mit zu-

nehmender Geschwindigkeit und mehr Kilometern zu trainieren, ohne dass sie sich dabei überlastet.

Das Training der Grundlagenausdauer verbessert in erster Linie die aerobe Ausdauer. Die allgemeine aerobe Ausdauer ist gekennzeichnet durch das Arbeiten unter Steady-State-Bedingungen, d. h., dass die ausreichende Versorgung des beanspruchten Muskels mit Sauerstoff bei einer dynamischen Belastung gewährleistet ist. Es besteht ein Gleichgewicht zwischen Energieverbrauch und Energieangebot. Der entscheidende Faktor hierbei ist das maximale Sauerstoffaufnahmevermögen.

Grundlagentraining bedeutet, dass längere Radausfahrten mit geringer Intensität stattfinden. In den ersten Trainingswochen geht es darum, den runden Tritt zu schulen. Dies geschieht in der Regel mit dem kleinen Kettenblatt. Die Trittfrequenz sollte auf 100 Umdrehungen in der Minute erhöht werden. Dieses Grundlagenausdauertraining soll in einem Bereich durchgeführt werden, in dem 60-75 % des Maximalpulses erreicht werden.

Es besteht beim Radfahren aus Dauertraining von 30-100 km. Konkret bedeutet das für eine 40-Jährige mit einem Maximalpuls von 186 Folgendes:

60-75 % von 186 = 111–140

Demnach soll das Grundlagentraining in diesem Fall auf dem Rad mit einem mittleren Pulswert durchgeführt werden, der zwischen 111 und 140 liegt. Da die Pulswerte beim Radfahren stark vom Profil der Strecke und von den äußeren Bedingungen, wie z. B. Wind, abhängen, geht es hierbei um den mittleren Pulswert während des Radtrainings.

Radblock in der Vorbereitung

Diejenigen, die auf Grund mangelnder Radmöglichkeiten während des Winters jetzt während des Vorbereitungszeitraums einen ein- oder zweiwöchigen Radblock in südlichen Gefilden einlegen, sollten auf Folgendes achten:

Im Vorfeld des Schwerpunkts *Radfahren* sollte jede Gelegenheit genutzt werden, um mindestens einige hundert Radkilometer zu absolvieren. Nur so ist gewährleistet, dass sich das punktuell umfangreiche Grundlagentraining während des Trainingsaufenthalts in wärmeren Gefilden auch wirklich auszahlt.

Diese wichtige Trainingsphase dient allein dem Grundlagentraining und stellt somit die Basis für eine gezielte Trainingsarbeit kurz vor und im Wettbewerbszeitraum dar. Die langen, ruhigen Ausfahrten bis zu mehreren Stunden Dauer verbessern vorwiegend die Ausdauerleistungsfähigkeit und trainieren den Stoffwechsel. Kleine Gänge und Trittfrequenzen um 100 sind hier wichtig.

Anstiege sollten daher möglichst in kleinen Gängen im Sattel sitzend bewältigt werden. Wer den Wiegetritt wählt, der wuchtet sich überwiegend mit Kraft und dem eigenen Körpergewicht den Berg hinauf. Eine Variante, die trainiert werden muss.

Wie sieht so ein Radblock aus?

Die einfachste Möglichkeit besteht darin, ausgiebige Ausfahrten an Wochenenden oder freien Tagen zu absolvieren. Wem dies an 3-4 Wochenenden jeweils mit drei längeren Ausfahrten gelingt, hat einiges für sein Grundlagentraining auf dem Rad getan. Sonntags können schon mal 10 flotte Kilometer dabei sein.

Woche	Freitags km	Samstags km	Sonntags km
1	30	40	50
2	40	50	60
3	60	80	30
4 Regeneration	30	40	30

Radtraining im Wettbewerbszeitraum

Während der Sommermonate, dem Wettbewerbszeitraum von ca. Mai bis September, gilt es, das normale Radausdauertraining in verminderter Form beizubehalten und sich durch einige zügige Intervalle auf dem Rad an die Wettbewerbsgeschwindigkeiten heranzutasten. Wer dem Leistungsgedanken einen großen Stellenwert zubilligt, wird sicherlich ohne Intervalltraining nicht all seine sportlichen Möglichkeiten ausschöpfen.

Spaß und Freude kann die Athletin genauso viel oder gar noch mehr dabei haben. Wer die Möglichkeit nutzt, mit dem Rad zur Arbeit zu fahren, leistet in den Morgenstunden das Radtraining als Regenerationseinheit und fährt entsprechend ruhig. Nachmittags, auf dem Heimweg, der sich ab und an sicherlich verlängern lässt, bietet sich das eine oder andere Intervall an.

Diese schnelleren Abschnitte werden dann mit dem großen Kettenblatt gefahren, um sich an die Wettbewerbsgeschwindigkeiten zu gewöhnen. Wichtig dabei ist stets das Zurückschrauben der Geschwindigkeit nach dem zügigen Abschnitt. Das Intervalltraining fördert insgesamt die Leistungsfähigkeit im Ausdauerbereich und verbessert gleichzeitig die Fahrtechnik.

Das Intervalltraining

Um sich nach Absolvierung des Grundlagenausdauertrainings langsam an die Wettbewerbsgeschwindigkeit zu gewöhnen, können Sie im Vorfeld des ersten Saisonstarts mit dem Intervalltraining beginnen. Eine reizvolle Gelegenheit, Tempowechsel zu trainieren, bietet das **Fahrtspiel** auf dem Rad. Das vom Laufen bereits bekannte Spiel mit der Geschwindigkeit lässt sich in idealer Weise auf das Radfahren übertragen. Nach einer 15-20 Minuten langen Einrollphase setzen Sie sich ein beliebiges Ziel, bis zu dem Sie Ihre Geschwindigkeit erhöhen, wie z. B. bis zur nächsten Ortseinfahrt, bis zum nächsten Turm, bis zum ... Dieses Spielchen wiederholen Sie 2-3 x. Für eine Trainingsausfahrt mit einer Gruppe, in der einige Tempoverschärfungen geplant sind, empfehlen wir Ihnen die sehr spaßbetonte *Ortsschildwertung*.

Die Ortsschildwertung

Diese Methode läuft folgendermaßen ab: Immer dann, wenn sich die Trainingsgruppe einer Ortschaft nähert, wird ohne jegliches Signal von einer der Teilnehmerinnen der Spurt angezogen. Diese versucht, durch einen Überraschungsvorstoß aus irgendeinem Windschatten heraus als

Erste das Ortseingangsschild zu erreichen. Da keine der Athletinnen weiß, wer und wann einen Ausreißversuch startet, entwickeln sich dabei die lustigsten Spielereien auf und mit dem Rad. Die ersten Versuche können 800 m, 1.200 m oder auch bereits 2-3 km vor dem Ort beginnen. Sobald eine Fahrerin losfährt, versuchen die anderen natürlich, nachzusetzen und ebenfalls die Ortsschildwertung für sich zu gewinnen.

Damit dieses Fahrtspiel nicht zu einem stetig höheren Grundtempo führt, muss eine aus der Gruppe dafür Sorge tragen, dass das Tempo wieder auf die für die Gruppe geeignete Geschwindigkeit zurückgeschraubt wird. Das Fahrtspiel mit dem Rad lässt sich nach dem ruhigen Grundlagentraining im Frühjahr das ganze Jahr über praktizieren. Es bringt Abwechslung ins Training und erspart ständiges Schauen auf die Uhr.

Weitere Trainingsintervalle

Intervalltraining auf dem Rad sollte jeweils aus drei Komponenten bestehen: aus dem Einfahren, den Intervallen und dem abschließenden Ausfahren.

Mögliche Intervalle können sein:
- 4 x 3 Minuten zügige oder sehr flotte Fahrt, doppelte Zeit lockeres Kurbeln.
- 3 x 5 km zügige oder sehr flotte Fahrt, Erholungspausen jeweils 5 km lockeres Kurbeln.
- 6 x 5 Minuten zügige Fahrt, doppelte Zeit lockeres Kurbeln.
- 4 x 10 km zügige Fahrt, jeweils gleiche Strecke lockeres Kurbeln.

Grundsätze zum Intervalltraining

- Jedes Intervalltraining wird von einer Einfahr- und Ausfahrphase begleitet.
- Langsame Gewöhnung an das angestrebte Tempo.
- Mit kurzen Streckenabschnitten beginnen.
- Intervalle auf das Saisonziel ausrichten.
- Für Abwechslung bei den Intervallen sorgen, Belastungsdauer und Intensität häufig verändern.

- Intervalltraining regelmäßig durchführen, jedoch höchstens 1 x wöchentlich und höchstens über vier Wochen, danach zwei Wochen aussetzen und wieder höchstens vier Wochen. Alternativrhythmus: zwei Wochen je 1 x Intervalle, eine Woche aussetzen und wieder zwei Wochen Intervalltraining.
- Intervallpausen lang genug wählen, dabei locker weiterkurbeln.

Radtraining im Übergangszeitraum

Ideal wäre es, auch während des Übergangszeitraums, in den Monaten Oktober bis Februar, das Radfahren beizubehalten. In vielen Gegenden ist das in der Regel nur auf der ungeliebten Rolle oder bei vereinzelten Ausfahrten am Wochenende möglich. Daher wählen viele Triathletinnen eine andere Variante. Sie stellen in der kalten und ungemütlichen Jahreszeit das Radfahren ganz ein und behalten lediglich das Schwimmen und das Laufen bei.

Wer jedoch die Möglichkeit besitzt, während dieser großen Regenerationsphase vereinzelte Radtouren zu machen, sollte dies ohne jegliche Geschwindigkeitsvorstellung und ohne jeglichen Druck ausführen. Lockeres Kurbeln lautet hierbei die Devise. Während dieser Zeit bietet sich auch das Mountainbiketraining als hervorragendes, spaßbetontes Ausdauertraining an. Ebenso bleibt Raum für weitere Alternativen wie Skilanglauf u. a.

Tipps zum Radfahren im Wettkampf

Im Wettbewerb ergeben sich beim Radfahren einige Besonderheiten, die hier in aller Kürze zusammengefasst werden:
- Startnummern an einem Gummiband befestigen, vorne fürs Laufen, hinten fürs Radfahren.
- Radschuhe mit Klettverschluss tragen.
- Sonnenbrille als Schutz vor Sonneneinstrahlung und Fliegen tragen.
- Rad mit geeignetem Gang und gefüllter Getränkeflasche bereitstellen.
- Mit hoher Trittfrequenz beginnen und aufhören.
- Mit der Flüssigkeitsaufnahme frühzeitig anfangen.
- Feste Nahrung in kleinen Happen aufnehmen.
- Nie trocken fahren, rechtzeitig Getränke annehmen.

- Optimale Drehzahl im Wettbewerb: 90 Umdrehungen pro Minute.
- Am Berg rechtzeitig schalten, niemals den Berg hochwürgen.
- Eng anliegende Radbekleidung wählen.
- Bei kühler, feuchter Witterung dünne Regenjacke im Radtrikot für alle Fälle mitführen.
- Die letzten Minuten mit etwas weniger Druck fahren, um die Muskulatur für das Laufen zu lockern.
- Radhelm erst beim Wechsel vom Rad zum Laufen öffnen und absetzen. Frühzeitiges Öffnen des Kinnriemens kann zur Disqualifikation führen.

4.2.7 Weitere Trainingshinweise für das Laufen

Ein sinnvoller **Trainingsaufbau für das Laufen** sollte folgendermaßen aussehen:

Grundlagenausdauer	3 Monate
Ausdauer + Schnelligkeitsausdauer	6 Wochen
Ausdauer + Intervalltraining	6 Wochen

Grundlagenausdauertraining

Die dreimonatige Trainingsphase stellt die Basis für die ganze Saison dar. Die Grundlagenausdauer bildet das Fundament für ein zu bauendes Haus, das im ersten Geschoss mit der Schnelligkeitsausdauer und im Dachgeschoss mit dem Intervalltraining ausgebaut wird. Während der ersten drei Monate wird im aeroben Bereich gelaufen oder im „Steady State". Dieser Begriff steht für das Sauerstoffgleichgewicht, d. h., es wird so viel Sauerstoff aufgenommen, wie für die Energiebereitstellung benötigt wird.

Weitere Anhaltswerte: Dieses Grundlagenausdauertraining liegt etwa 15 % unterhalb der anaerob-aeroben Schwelle oder bei einem Laktatwert von unter 2 mmol/l. Das Ausdauertraining sollte so gestaltet werden, dass man sich dabei ohne Mühe unterhalten kann. Die Pulswerte liegen zwischen 65 und 75 % der maximalen Herzfrequenz. In dieser dreimonatigen Phase sollen viele Kilometer im aeroben Bereich gelaufen werden.

Für etwas mehr Abwechslung im Training kann hingegen ein Volkslauf sorgen, der allerdings nicht mit voller Kraft gelaufen wird, sondern einfach so aus dem Training heraus. Bei einer Blockbildung des Trainings (Schwimm-Lauf-Rad-Block) wird der Umfang geblockt. Ist dies nicht der Fall, so können Sie den Umfang treppenförmig ändern.

Blocktraining zum Aufbau des Grundlagentrainings

An einem konkreten Beispiel lässt sich diese Form des Lauftrainings darstellen: Dabei wird von einem Basistraining von ca. 35 km pro Woche ausgegangen, welches in 2-3 Einheiten aufgeteilt wird. Das Blocktraining wird über einen Monat (Februar oder März) bestritten, wobei die Trainingshäufigkeit von 2-3 auf vier Einheiten pro Woche erhöht wird.

Bei einem Basistrainingsumfang von 35 km/Wo. sieht ein Laufblock wie folgt aus:

Woche 1		Gesamtumfang: 45 km
Häufigkeit	Trainingsumfang	Beschreibung
1 x	8 km	Locker
2 x	11 km	Ruhig
1 x	15 km	Langsam

Woche 2		Gesamtumfang: 50 km
Häufigkeit	Trainingsumfang	Beschreibung
1 x	13 km	Locker, mit drei flotten Abschnitten
2 x	11 km	Ruhig
1 x	15 km	Langsam

Woche 3		Gesamtumfang: 60 km
Häufigkeit	Trainingsumfang	Beschreibung
1 x	12 km	Locker, mit vier flotten Abschnitten
2 x	15 km	Ruhig
1 x	18 km	Langsam

Woche 4		Gesamtumfang: 62 km
Häufigkeit	Trainingsumfang	Beschreibung
1 x	10 km	Locker
2 x	15 km	Ruhig
1 x	22 km	Langsam

Im Anschluss an diesen Laufblock erfolgt eine Regenerationswoche mit nur zwei Läufen à 12 km in erholsamer Form. Wer nur ein Basistraining von 25 km wöchentlich aufweist, der steigert sich auf: 35 km; 40 km; 45 km, 50 km. Im Anschluss daran wieder eine echte Regenerationswoche mit nur 2 x 8 km in erholsamer Form einplanen.

Treppenförmiger Aufbau des Grundlagentrainings

Alternativ zu einem blockförmigen Aufbau kann auch ein treppenförmiger Aufbau im Vorbereitungszeitraum erfolgen.

Dieser treppenförmige Aufbau der Grundlagenausdauer über 12 Wochen sollte wie folgt aussehen: Die Pulswerte sollten dabei zwischen 65 und 75 % des Maximalpulswerts liegen.

Dargestellt werden vier Möglichkeiten. Die Umfänge werden jeweils in Kilometer pro Woche angegeben. *Regenerationswoche wird mit Reg. gekennzeichnet.*

Woche	Umfang in km	Alternativ	Alternativ	Alternativ
1	30	40	40	25
2	35	45	45	30
3	40	50	22 Reg.	20 Reg.
4	20 Reg.	30 Reg.	45	30
5	30	50	50	35
6	40	55	25 Reg.	20 Reg.
7	45	60	50	35
8	22 Reg.	30 Reg.	55	40
9	35	50	27 Reg.	20 Reg.
10	45	60	55	40
11	50	70	60	45
12	25 Reg.	35 Reg.	30 Reg.	22 Reg.

Spätestens nach drei Wochen muss eine Regenerationswoche mit 50-60 % des Kilometerumfangs und einer noch reduzierten Intensität erfolgen. Beruflich oder familiär stark belastete Sportlerinnen sowie Athletinnen im Masteralter (40+) sollten bereits nach zwei aufbauenden Wochen eine Regenerationswoche einlegen.

Schnelligkeitsausdauertraining

Die Grundlage für die Entwicklung der Schnelligkeitsausdauer ist in den vergangenen Monaten durch lange, ruhige Läufe gelegt worden. Auf dieses Fundament lässt sich in Ruhe weiterbauen. Wehe dem, der hier meint, ohne Fundament auskommen zu können. Spätestens dann, wenn Sie das Haus bei Wettbewerben belasten wollen, bricht es zusammen und die ganze Trainingsmühe war vergebens.

Wer also seine dreimonatige ruhige Trainingsphase noch nicht absolviert hat, muss im Monat April an seinem Fundament weiterarbeiten. Für die Entwicklung der Schnelligkeitsausdauer und Schnellkraft eignen sich Läufe im hügeligen Gelände. 1 x pro Woche reicht dies völlig aus, da im April ja unterdessen das Radtraining bereits in vollem Gange ist.

Weitere Möglichkeiten, die Schnelligkeitsausdauer, also die sehr flotten Läufe mit 85 % des Maximalpulses, zu trainieren, sind folgende:

- 2 x 10 min sehr flottes Tempo mit 5 min ganz lockerem Traben bis Puls ‹ 110
- 3 x 7 min sehr flottes Tempo mit jeweils 5 min lockerem Traben bis Puls ‹ 110.
- 1 x 20 min mit vorherigem Ein- und abschließendem Auslaufen.

Bei einem guten Belastungsgefühl lassen sich die Zeiten um ein paar Minuten verlängern. Diese Läufe, die der Schnelligkeitsausdauer dienen, können im Zuge eines Kombinationstrainings nach einer lockeren Radeinheit von 20-30 km sinnvoll angewandt werden. Mit diesen Trainingsformen verbessert sich die maximale Sauerstoffaufnahmefähigkeit. Dies zeigt sich daran, dass der eingeatmete Sauerstoff besser verwertet wird und die Athletin schließlich leistungsfähiger wird. Eine weitere Variante, etwas für die Verbesserung der Schnelligkeit beim Laufen zu tun, bietet das Fahrtspiel beim Laufen.

Das Fahrtspiel als kurzer Tempodauerlauf

Das Laufen mit mehreren festgelegten Wiederholungen und festgelegten Strecken ist nicht bei jeder Triathletin beliebt. *Fahrtspiel* stammt von dem schwedischen *Fartlek*, was so viel wie *Spiel mit Tempo* bedeutet. Es ist eine einfache, natürliche Art des flotteren Trainings und kann in jeden Lauf eingebaut werden. Während eines Laufs beschleunigen Sie: bis zum nächsten Haus, zum Endes des Waldes, bis zur nächsten Tanne, bis zu irgendeiner selbst gesteckten Markierung. Nachdem dieser flotte Abschnitt vorüber ist, folgt ruhiges, erholsames Laufen oder gar Traben bis zur Erholung. Verspüren Sie wieder Lust, beginnt das Spielchen von vorn. Das Tempo bestimmt die Athletin selbst. Fahrtspiel ist intensiv, frei von Zwängen und ohne vorgeschriebene Streckenlängen und Tempo. Die Triathletin läuft so, wie sie an dem Tag gerade Lust verspürt, schnell zu laufen. Fahrtspiel ist Tempoarbeit, aber spielerisch und kreativ. Zudem bietet es den großen Vorteil, dass diese sehr kurzweilige Variante keine abgemessene Strecke oder 400-m-Bahn benötigt. Lockeres Auslaufen und leichtes Stretching beenden das Fahrtspiel.

Abschließend folgen die wichtigsten Tipps in Kurzform zum Lauftraining und zum Laufen als letzte Disziplin im Triathlonwettbewerb.

Tipps zum Lauftraining

- Mehrere Paar Laufschuhe im Wechsel tragen.
- Trainingsablauf wie folgt gestalten: ca. 10 min Einlaufen oder Eintraben, Dehnen, Ausdauertraining mit abschließendem Auslaufen und Dehnübungen.
- Alle sich reibenden Stellen mit ein wenig Fett oder Vaseline behandeln.
- Bekleidung sollte zwar eng anliegen, aber nicht einschnüren.
- Bei kühler Witterung lieber mehrere dünne Schichten als wenige dicke Schichten Textilien tragen.
- In der Trainingsgruppe gegenseitig auf den Laufstil achten.
- Mit Spaß und Freude trainieren.
- Lieber mal eine Laufeinheit reduzieren oder gar ganz ausfallen lassen, als mit Unlust und Gewalt trainieren.

Tipps für den Triathlonwettkampf

- Laufschuhe mit Schnellverschlüssen oder Klettverschlüssen ausstatten.
- Locker und gelöst anlaufen.
- Realistische Ziele setzen.
- Regelmäßig trinken, besonders bei hohen Temperaturen.
- Bei Krämpfen Muskulatur dehnen, bis sich der Krampf löst.
- Bei Seitenstichen kräftiges und langes Ausatmen, ruhig weiterlaufen.
- Wenn es hart wird, Ablenkung von den eigenen Schwierigkeiten durch:
  - Bewusstes Wahrnehmen der Umgebung.
  - Mitstoppen der Kilometerzeiten.
  - Beobachtung der anderen Athletinnen, die noch größere Problem haben.
  - Kurze Unterhaltungen einstreuen.
  - Zuschauerreaktionen beachten.
  - Eigene Endzeit hochrechnen.
  - Bei Wendepunktstrecken alle vorauslaufenden Athletinnen mitzählen.
  - Positiv denken und sich über den Zieleinlauf freuen.

4.2.8 Weitere Trainingshinweise für den Wechsel

Ein paar Anmerkungen zum *Wechseltraining*, *Kombitraining* oder *Koppeltraining*. Der erste Wechsel beim Triathlon vom Schwimmen zum Radfahren ist in erster Linie ein organisatorischer Wechsel. Muskulär bereitet er kaum Probleme. Hierbei gilt es, alle notwendigen Utensilien vorrätig zu haben und in der richtigen Folge in der Wechselzone zu deponieren. Beachten Sie: lieber eine Jacke zu viel zurechtzulegen, als auf dem Rad lange Zeit frieren zu müssen. Anders sieht es da beim zweiten Wechsel aus.

Wechsel Rad-Laufen

Regelmäßiges Kombinationstraining, also die unmittelbare Ausführung zweier Disziplinen des Triathlons hintereinander, sollte unbedingt vor und in der Wettbewerbszeit regelmäßig trainiert werden. Wer diesen zweiten Wechsel Rad-Laufen nicht regelmäßig trainiert, läuft mit ungewohnt schweren Beinen los und kommt somit sehr spät in seinen gewohnten Laufrhythmus.

Zeitverluste sind dabei zwangsläufig die Folge. Ratsam ist es, auf den letzten 2-3 km der Radstrecke den Druck auf die Pedale zu vermindern und mit etwas höherer Drehzahl die Muskulatur ein wenig zu lockern. Beim Kombinationstraining für die Jeder-Frau-Distanz und für den olympischen Triathlon lässt sich dieser Übergang in mehreren unterschiedlichen Formen trainieren:

- Lockere Ausdauerfahrt auf dem Rad mit einem unmittelbar anschließenden flotten, aber kurzen Lauf, z. B. 25 km Rad, locker + 4 km Lauf, zügig oder 40 km Rad, locker + 6 km Lauf, zügig.

- Kurze und zügige Trainingsfahrt auf dem Rad mit einem unmittelbar anschließenden, ruhigen, langen Lauf, z. B. 20-30 km Rad, zügig + 6-8 km Lauf, ruhig.

4.2.9 12 Wochen bis zum olympischen Triathlon

Der nachfolgende 12-Wochen-Plan stellt eine Möglichkeit dar, wie Sie sich auf den ersten olympischen Triathlon vorbereiten können. Sicherlich kommen Sie auch mit etwas weniger Training ins Ziel. Wiederum die Bitte, stimmen Sie die Vorschläge auf Ihre Möglichkeiten hin ab. Nur dann erhalten Sie sich die Freude am Ausdauersport. Generell wird wie folgt vorgegangen:

In den Wochen 1 und 2 wird annähernd gleich trainiert. Ebenso in den Wochen 4 und 5, 7 und 8. In den Wochen 3, 6 und 9 erhöhen wir unseren Trainingsumfang und auch die -intensität ein wenig. Regenerationswochen sind 4 und 8. In der Wettbewerbswoche 12 hat das Training überwiegend regenerativen Charakter. Am Tag des Triathlons darf dann jede Athletin zeigen, was sie im Training gelernt hat.

Viel Spaß und Erfolg beim Training und dem olympischen Triathlon. Genießen Sie die Wettbewerbsatmosphäre, freuen Sie sich auf das Schwimmen, das Radfahren und auf das Laufen. Beobachten Sie dabei die Mitstreiter und freuen Sie sich diebisch auf das Finish! Es ist für die meisten Menschen eine bewundernswerte Leistung, die Sie vollbracht haben. Auch wenn es immer noch Verbesserungsmöglichkeiten gibt, sollten Sie stolz auf sich sein und versuchen, Ihre Möglichkeiten beim nächsten Triathlon noch besser zu nutzen.

Die letzten 12 Wochen bis zum ersten Kurztriathlon

1. Kurztriathlonwettbewerb, z. B. Ende Mai.
Trainingsvorschläge für die Monate März, April und Mai.

Wochen 1, 2, 5, 6, 9, 10
- **Di.** Schwimmen, 1,5 km Interv. ein, aus, 2 x 5 x 50 m
- **Mi.** 25 km Radfahren, locker, Laufen 10 km Fahrtspiel, R + L
- **Fr.** Schwimmen, 1 km Dauermethode ein, aus, 2 x 300 m
- **Sa.** Radfahren, 40 km locker kurbeln, 90 U/min
- **So.** Laufen, 10 km locker

Summe: ca. 2,5 km S/40 km R/20 km L

Wochen 3, 7, 9, 11
- **Di.** Schwimmen, 1,5 km, Interv. 50/100/150/200/150/100/50 m
- **Mi.** Laufen, 10 km locker
- **Do.** Radfahren, 30 km, 90 % sehr flott
- **Sa.** Schwimmen, 1-2 km
- **So.** Radfahren, 40 km locker, Laufen 12 km mit flotten Abschnitten, R + L

Summe: ca. 3 km S/70 km R/22 km L

Regenerationswochen 4, 8
- 1 x locker, 1,5 h Radfahren
- 1 x 1 h Dauerschwimmen
- 1 x 1 h ruhiges Laufen

Summe: ca. 2 km S/37 km R/10 km L

Wettkampfwoche 12
- **Di.** Schwimmen, 1 km Intervalle
- **Mi.** Laufen, 10 km, locker 70 %
- **Do.** –
- **Fr.** Radfahren, 20 km ruhig 65 %
- **Sa.** –
- **So.** 1,5/40/10 km Kurztriathlon.

Die folgenden zwei Wochen dienen der Regeneration. Jeweils nur 1 x locker schwimmen, Rad fahren und laufen. Wer nicht so gerne läuft, darf auch auf das Laufen mal verzichten.

Gehen Sie ganz unvorbelastet an diesen, Ihren ersten und auch an alle weiteren Kurztriathlonwettbewerbe heran. Sie haben nichts zu verlieren, nur zu gewinnen.

- **Noch ein Tipp:** Lassen Sie andere schwimmen, radeln und laufen, wie sie wollen, machen Sie Ihren eigenen Wettbewerb. Genießen Sie es, mit stärkeren Athletinnen in einem Feld starten zu können.

Sie haben gefinisht!

Sie dürfen stolz auf sich sein! Sie haben erlebt, dass es bei einer guten Vorbereitung richtig Spaß macht, sich mit anderen Athleten und Athletinnen zu messen. Zahlreiche Athletinnen sind nach dem Erfolg übermotiviert. Behalten Sie einen kühlen Kopf. Nun heißt es, sich zu regenerieren. Ein oder zwei Wochen haben Sie eine aktive Pause verdient. Holen Sie andere, bislang liegen gebliebene Dinge nach. Danach kann ein Neuaufbau für den zweiten Kurztriathlon beginnen. Der Neuaufbau kann wie folgt aussehen: Training der Wochen 2, 3, 4 und erneuter Kurztriathlon.

Triathletinnen, die bereits Erfahrungen aus anderen Wettbewerben besitzen und sich weiter verbessern möchten, haben es natürlich nicht ganz so einfach wie die Einsteigerinnen. Diesen Triathletinnen ist zu raten, sich bereits frühzeitig Gedanken über die bevorstehende Wettkampfsaison zu machen, wenn sie ihre sportlichen Möglichkeiten ausschöpfen wollen.

Engagierte Triathletinnen, die wir als Wettkampfsportlerinnen beschreiben möchten, sollten sich bei allen grundsätzlichen Fragen zur Trainingsplanung und Trainingsausführung an ihr individuelles Umfeld (siehe Kap. 2) erinnern und dieses unbedingt mit in ihre weiteren Überlegungen einbeziehen.

4.3 Training für ambitionierte Triathletinnen

Wer seinen Triathlonsport ambitioniert betreibt – dazu gehören Triathletinnen, die wettkampffreudig oder sehr leistungsorientiert sind –, stellt sich gerne der Herausforderung, sich mit anderen Athletinnen und auch Athleten zu messen. Diese Frauen bringen schon für ihr Training im Mittel täglich eine Stunde und mehr auf. Wem das sehr viel erscheint, dem möchten wir entgegnen, dass der tägliche Fernsehkonsum der Deutschen, Österreicher oder Schweizer im Mittel bei mehr als drei Stunden liegt. Wer also seinen Fernsehkonsum halbiert, hat offensichtlich auch Zeit für ein leistungsorientiertes Ausdauertraining.

Wer ambitioniert ist, sollte sein Training rechtzeitig planen. Das Ziel besteht ja darin, sich hinsichtlich der Leistung zu verbessern. Dafür eignen sich die Wintermonate vorzüglich.

4.3.1 Die Jahresplanung

Es geht also darum, mit der zur Verfügung stehenden Trainingszeit eine möglichst optimale Leistungsfähigkeit zu erreichen. Dabei spielt es im Prinzip keine Rolle, ob Sie wöchentlich fünf, sieben, 10 oder sogar noch mehr Stunden mit dem Training verbringen. Wichtig ist hier, ganzjährig einige Trainingsgrundsätze zu beachten:

1. Ansteigende Trainingsbelastung
Triathlontraining, das durch Monotonie in der Intensität und im Umfang gekennzeichnet ist, ermöglicht der Athletin keine wesentlichen Leistungssteigerungen. Dagegen verzeichnen Athletinnen, die das Jahr in Zeiträume mit unterschiedlichen Trainingsumfängen und -intensitäten unterteilen, wesentliche Leistungssteigerungen. Zahlreiche Funktionssysteme in unserem Körper reagieren eben auf Belastungen mit einer entsprechenden Anpassung. Hierbei handelt es sich um einen Schutzmechanismus des Körpers, um bei einer ähnlichen Belastung nicht wieder an seine Leistungsgrenze gebracht zu werden.

2. Von der allgemeinen zur speziellen Belastung
Die erste Aufgabe in einer beginnenden Triathlonsaison besteht darin, die Funktionssysteme der Athletin, wie das Herz-Kreislauf-System und die allgemeine Athletik, auf die bevorstehenden Belastungen vorzubereiten. Das muss nicht unbedingt durch Schwimmen, Radfahren oder Laufen geschehen, sondern kann auch in der Langlaufloipe, beim Eisschnelllaufen oder im Fitnessstudio geschehen. Das bedeutet hinsichtlich der Kraftausdauer Folgendes: zuerst die allgemeine Ausdauer und

die Kraft separat trainieren; im Laufe der weiteren Vorbereitung dann die spezielle Kraftausdauer stärken.

3. Wechsel von Belastung und Erholung

Oft wird verkannt, dass der eigentliche Leistungszuwachs, den wir durch unser Training erreichen wollen, nicht während der Belastungsphase erfolgt, vielmehr wird dieser erstrebenswerte Zustand ausschließlich während der Erholungszeit erreicht. Diesen Umstand nennt man **Superkompensation**. Das bedeutet, dass eine Leistungssteigerung nicht während einer kräftezehrenden, 80 km langen Radfahrt erfolgt, sondern erst in der folgenden Erholungsphase. Bekommt der Körper hingegen keine ausreichende Zeit der Erholung, so erfolgt eben ein Leistungsabbau anstatt eines Aufbaus. Diese Pausen müssen wir unserem Körper also gönnen, wenn wir Leistungssteigerungen erwarten! Das gilt sowohl innerhalb einer Woche, innerhalb eines Monats und ganz besonders innerhalb eines Jahres.

Ein systematischer Jahresaufbau beinhaltet drei unterschiedlich lange Zeiträume:

- Vorbereitungszeitraum,
- Wettkampfzeitraum und
- Übergangszeitraum.

Die einzelnen Zeiträume sind für unterschiedlich ambitionierte Triathletinnen auch unterschiedlich lang.

Einsteigerinnen ist folgende zeitliche Aufteilung zu empfehlen:		
Vorbereitungszeitraum:	Februar – Mai	4 Monate
Wettbewerbszeitraum:	Juni – September	4 Monate
Übergangszeitraum:	Oktober – Januar	4 Monate

Wettkampfsportlerinnen ist Folgendes zu empfehlen:		
Vorbereitungszeitraum:	Februar – Mai	4 Monate
Wettkampfzeitraum:	Juni – Oktober	5 Monate
Übergangszeitraum:	November – Januar	3 Monate

Leistungssportlerinnen ist Folgendes zu empfehlen:		
Vorbereitungszeitraum:	Januar – Mai	5 Monate
Wettkampfzeitraum:	Juni – Oktober	5 Monate
Übergangszeitraum:	November – Dez.	2 Monate

Trainingsvorschläge für die einzelnen Zeiträume finden wir in den Kap. 4.2.3 bis 4.2.8.

Während des Übergangszeitraums, der die große Regenerationsphase darstellt und daher Zeit für die weitere Trainingsplanung bietet, sollten wir uns selbstkritisch auch mit der abgelaufenen Triathlonsaison auseinandersetzen und uns folgende Fragen beantworten:

- War die letztjährige Vorbereitung richtig?
- Waren die Saisonhöhepunkte richtig gesetzt?
- Entsprachen die Triathlonergebnisse meinen Möglichkeiten?
- War das Training vom Umfang und der Intensität her richtig gewählt?
- Ist mir der „Spagat" von Beruf, Privatleben, Familie und Sport angemessen gelungen?

Nicht zu vergessen, die alles überragende Frage:
- *Standen Aufwand und Nutzen für mich persönlich im richtigen Verhältnis?*

Um diese hoffentlich ehrlichen Antworten nicht zu vergessen, sollten diese schriftlich im Trainingstagebuch festgehalten werden. Ohne die täglichen Trainingsaufzeichnungen sind die genannten Fragen kaum ehrlich zu beantworten.

4.3.2 Das ganzjährige Training

So **kann** das ganzjährige Training aussehen:

Die Monate Oktober, November, Dezember: Übergangszeitraum. Alle Trainingsmaßnahmen werden locker und spielerisch durchgeführt. Viel nach Gefühl, wenig mit der Stoppuhr. Langsame und unterhaltsame Läufe, erholsames Schwimmen und Stretching stehen auf dem Programm.

Januar

Mit Beginn des ersten Teils des Vorbereitungszeitraums steigt der Trainingsumfang bei mittlerer Belastung, Pulswerte bei 130-140. Gelegenheiten zum Skilanglauf sollten genutzt werden, eine hervorragende Möglichkeit, um die Arm- und Rumpfmuskulatur zu trainieren.

Februar

Entwicklung der Grundlagenausdauer aus dem Vormonat wird fortgesetzt bei gleicher Intensität. Mithilfe von Stretching die vielseitige Durchbildung des Körpers unterstützen.

Lockere Läufe und Radausfahrten. Der Februar könnte der Schwimmmonat sein. Während des Schwimmmonats gilt es, die Schwimmzeit zu verbessern. Einige Möglichkeiten dazu: Umfang 3 x 1.800-2.000 m. Generell sollte das Ein- und Ausschwimmen 300 m betragen. Danach können Sie folgende Programme schwimmen:

Beispiele:
- **a)** 5 x 100 m mit 20 s Pause + 3 x 200 m mit 30 s Pause.
- **b)** 4 x 400 m mit je 60 s Pause.
- **c)** Zwei Serien 6 x 100 m mit 30 s Pause, 2 min Serienpause.
- **d)** 1.500 m Dauerschwimmen, Test.

März

Der Trainingsumfang nimmt weiter zu. Vereinzelte Cross- oder Volksläufe lockern das Training auf. Radausfahrten am Wochenende unterstützen dieses Vorhaben. Wichtig ist der lange, ruhige Lauf pro Woche von anfangs 15 km bis später dann auch 20 km mit einem Puls von um 130.

Der März könnte der Laufmonat sein mit vier Laufeinheiten pro Woche, 1 x flotter Lauf, 1 x mit Fahrtspiel, zwei lockere Läufe. Mindestens 1 x pro Woche das Fahrtspiel nutzen, um Ihre läuferischen Fähigkeiten zu verbessern. Wer seine Laufzeiten verbessern möchte, absolviert 1 x pro Woche eines der folgenden Laufprogramme (a-d):

Generell gilt: 10-15 Minuten Einlaufen, Trainingsprogramm, 15 Minuten Auslaufen, Stretching.

a) 6-7 x 1.000 m im 10-km-Bestzeittempo,
z. B. 45 min = 4:30 min/km, jeweils gleiche Strecke als Trabpause bis Puls 110.
b) 3 x 1.000 m, 10 Sekunden pro 1.000 m schneller als zuvor.
c) 2 x 5.000 m.
d) 10.000-m-Testlauf im Rahmen eines Laufwettbewerbs.

April

Sollte der April der Radmonat sein, das Laufen nur in verminderter Form weitertrainieren. Das Rad genießt Vorrang. Es kann eventuell für den Weg von und zur Arbeit genutzt werden. Über die Osterfeiertage bietet sich regelrecht ein Radschwerpunkt an.

So oft wie möglich aufs Rad und locker kurbeln. Mit 90-100 Umdrehungen wird der runde Tritt geschult (was nicht sehr leicht zu erreichen ist). Der Trainingsumfang ist im März und April am größten. Spätestens jetzt, während des Radmonats, schmilzt der Winterspeck. Tempospitzen auf dem Rad folgen erst später. Jetzt wird nur mit dem kleinen Kettenblatt trainiert.

Mai

An den letzten April- und den Maiwochenenden sollte der Wechsel Rad-Laufen trainiert werden. Möglichkeiten dafür sind:

> a) 40 km ruhiges Radfahren + 5 km flottes Laufen
> b) 20 km flottes Radfahren + 10 km ruhiges Laufen
> c) 20 km flottes Radfahren + 5 km flottes Laufen

1 x pro Woche ist ein Fahrtspiel (mehrere *Ortsschildwertungen*) auf dem Rad zu empfehlen, um sich langsam an die Triathlonradgeschwindigkeit zu gewöhnen. Auch hier gilt: 15 Minuten locker einfahren bei 100 Umdrehungen, kurze Intervalle, 15 Minuten locker ausfahren. Folgende Intervalle sind alternativ zu empfehlen:

> a) 1, 2, 3, 4, 5, 4, 3, 2, 1 min flotte Fahrt, jeweils gleiche Zeit locker mit dem kleinen Blatt kurbeln. Also, eine Minute Tempo, eine Minute locker, zwei Minuten Tempo, zwei Minuten locker, drei Minuten Tempo ...
> b) 8 x 1 km, jeweils 1 km zwischendurch locker kurbeln.
> c) 2 x 5 km mit 5 min aktiver Pause.
> d) Fahrtspiel auf dem Rad, z. B. *Ortsschildwertung*.

Der lange ruhige 20-km-Lauf kann durch eine ruhige 70-80-km-Radausfahrt ersetzt werden. In der letzten Testphase vor den ersten Wettbewerben verringert sich der Trainingsumfang, die Intensität steigt dafür an.

Aber, Achtung: jeweils nur eine flotte Einheit auf dem Rad und beim Laufen in einer Woche. Wenn die Wassertemperaturen es erlauben, sollte das Schwimmtraining in einen See verlegt werden. Hier ist die Dauermethode günstig, also 1.500 m oder 2.000 m.

Kleine Intervalle sind im See durch das Zählen der Schwimmzüge sinnvoll. Diese könnten wie folgt aussehen: 25 Züge flott, 25 Züge locker, 50 Züge flott, 25 Züge locker usw. Jetzt bietet sich die Chance, das Radtraining an das Schwimmtraining zu koppeln.

Juni-September: Wettbewerbszeitraum

Das Training in diesen interessantesten Monaten, auf die wir ja schließlich lange genug warten mussten, richtet sich in erster Linie nach der Häufigkeit und der zeitlichen Folge der Triathlonwettbewerbe.

Zwischen zwei Veranstaltungen, die im Abstand von 2-3 Wochen aufeinanderfolgen und mit vollem Einsatz bestritten werden, darf nur ein leichtes Regenerationstraining erfolgen. Die Anzahl der Trainingseinheiten ist zu reduzieren, siehe Trainingsplan.

Bei einem drei- oder vierwöchigen Abstand bleiben dagegen einige Tage für das normale Trainingsprogramm übrig, bevor in den letzten 4-5 Tagen gar nicht oder nur mit sehr niedriger Intensität trainiert wird. Ein Urlaub während dieser Zeit sorgt durch die neue Umgebung für neuen Trainingsschwung.

Dabei bekommen Ihnen die möglicherweise zwangsläufig trainingsfreien Tage besser, als Sie es vermuten. Selbstverständlich sollten Sie sich nicht ständig der prallen Sonne aussetzen und das Training in die Morgen- oder Abendstunden verlegen.

Dringender Hinweis

Wie bereits erwähnt, sollen und können die folgenden Trainingsvorschläge nicht von jeder Triathletin einfach so hingenommen werden. Diese Pläne stellen eine konkrete Möglichkeit zur erfolgreichen Bewältigung von Kurztriathlons dar.

Jede Athletin sollte nun unter Berücksichtigung ihres Umfeldes die Trainingsumfänge und -intensitäten auf ihre persönlichen Gegebenheiten hin überprüfen und abändern. Die monatliche Verteilung der Trainingsumfänge **kann** dabei, wie nachfolgend dargestellt, aussehen.

Verteilung der monatlichen Umfänge: ca. Angaben in km

Monat	Schwimmen in km	Radfahren in km	Laufen in km	Bemerkungen
Januar	18	70	120	Ruhiger Aufbau
Februar	32	100	160	Schwerpunkt S
März	18	460	200	Schwerpunkt L
April	24	600	140	Schwerpunkt R
Mai	18	600	140	
Juni	22	500	140	
Juli	18	500	160	
August	14	600	140	
September	8	420	100	
Oktober	8	260	80	Aktive Regeneration
November	18	100	80	Aktive Regeneration
Dezember	18	Skilanglauf	100	Aktive Regeneration
Summe:	210	4.210	1.560	

Die letzten vier Wochen vor einem Kurztriathlon

So kann (nicht muss) ein Trainingsplan aussehen:

Datum: vom		bis				Woche:			
Tag	Gew. kg (mo)	S Dis. m	Zeit	R Dis. km	Zeit	L Dis. km	Zeit	Sonstige sportliche Betätigung	Kommentar	Puls Ruhe Bel.	Gew. kg (ab)
Mo.											
Di.				40	Flott	10	Locker	Stretching	Kombitraining R + L		
Mi.		2.000	Dauers.						S. Ausdauer 3 x 500 m		
Do.						12	FS	Stretching	5-6 flotte Abschnitte		
Fr.		1.500	Interv.						2 x 5 x 100 m 40 s Pause		
Sa.				50	Locker						
So.		1.500		40		10		Stretching	Testwettbewerb 90 %		
Summe:		5.000		130		32					

Datum: vom		bis				Woche:			
Tag	Gew. kg (mo)	S Dis. m	Zeit	R Dis. km	Zeit	L Dis. km	Zeit	Sonstige sportliche Betätigung	Kommentar	Puls Ruhe Bel.	Gew. kg (ab)
Mo.											
Di.				50	Locker						
Mi.		1.500	Interv.			10	Locker	Stretching	S:100/200/300/ 300/200/100 m		
Do.											
Fr.				30	Sehr flott	8	Ruhig	Stretching			
Sa.		2.000							S. Ausdauer 3 x 500 m		
So.				40	Locker	10	Flott	Stretching	Kombitraining R + L		
Summe:		3.500		120		28					

Datum: vom		bis					Woche:			
Tag	Gew. kg (mo)	S Dis. m	Zeit	R Dis. km	Zeit	L Dis. km	Zeit	Sonstige sportliche Betätigung	Kommentar	Puls Ruhe Bel.	Gew. kg (ab)
Mo.											
Di.				50					2 x 10 km flott		
Mi.		2.000	Interv.			12	Locker	Stretching	Pyramide 50/100/150/ 200/250 m		
Do.				40	Locker						
Fr.						8	Ruhig	Stretching			
Sa.		2.500		30	Flott				S. Ausdauer 2 x 1.000 m		
So.						10	Flott	Stretching	Evtl. Volkslauf 90 %		
Summe:		4.500		120		30					

Datum: vom		bis					Woche: Wettbewerbswoche			
Tag	Gew. kg (mo)	S Dis. m	Zeit	R Dis. km	Zeit	L Dis. km	Zeit	Sonstige sportliche Betätigung	Kommentar	Puls Ruhe Bel.	Gew. kg (ab)
Mo.											
Di.				40	80 %				100 U/min		
Mi.		2.500	Interv.			10	Ruhig	Stretching			
Do.											
Fr.											
Sa.		1.500		40		10		Stretching	Kurztriathlon 1.500/40/10		
So.				20	Erhol-sam						
Summe:		4.000		100		20					

Nach dem ersten Wettbewerb heißt es dann, 10-14 Tage nur regenerativ, also 1-2 x pro Woche schwimmen, Rad fahren und sehr locker laufen. Danach kann wieder das normale Training aufgenommen werden, bis in der Woche vor dem erneuten Triathlon.

4.4 Das Training während der Menstruation

Es gibt Tage im Leben einer Frau, die Männer nie erleben werden ...

Das sind jene Tage, an denen Frauen ihre Menstruation haben. Üblicherweise tritt sie 1 x im Monat auf. In den Tagen vor der Monatsblutung leiden viele Frauen unter Verstimmungen und in den Brüsten tritt ein Spannungsgefühl auf. Einige meinen auch, „dicker" als sonst zu sein, was daran liegt, dass vom Körper vermehrt Wasser gespeichert wird.

Bei jeder Monatsblutung verliert die Frau rund 150 Milliliter Blut, d. h., Frauen sollten unbedingt darauf achten, dass ihre Eisenspeicher gefüllt sind und diesen Parameter von Zeit zu Zeit medizinisch abklären lassen. Ein Eisenmangel äußert sich durch ständige Müdigkeit, nachlassende Leistungsfähigkeit, Konzentrationsschwierigkeiten, Kopfschmerzen, brüchige Fingernägel, trockene Haut, eingerissene Mundwinkel und blasse Haut.

Bewusste Ernährung beugt einem Eisenmangel vor. Zu den eisenhaltigen Lebensmitteln zählen vor allem Fleisch und Fleischprodukte. Das Eisen, welches in Pflanzen enthalten ist, kann vom Körper schlechter verwertet werden als das tierische. Die zusätzliche Aufnahme von Vitamin C steigert die Ausnutzung von pflanzlichem Eisen. Zu den pflanzlichen Lebensmitteln mit hohem Eisengehalt zählen grünes Gemüse, Hülsenfrüchte und Vollkornbrot.

Mit zunehmendem Trainingsumfang kann es zu Unregelmäßigkeiten bei der Menstruation kommen. Bleibt die Monatsblutung nur hin und wieder aus, hat das keine Auswirkungen auf die Fruchtbarkeit und auf die Knochendichte. Wenn eine Frau über einen längeren Zeitraum keine Menstruation hat, besteht die Gefahr einer Osteoporose.

Frauen erreichen in der ersten Zyklushälfte den Gipfel ihrer körperlichen Leistungsfähigkeit. Diese sinkt in der zweiten Zyklushälfte und durchläuft kurz vor der Menstruation ein Tief. Wer Hormone einnimmt, um die Blutung hinauszuschieben, verlängert nur die zweite Zyklushälfte und steigert damit in keiner Weise die Leistungsfähigkeit.

Während der Menstruation ist leichte sportliche Aktivität jederzeit möglich. Vielfach löst Bewegung sogar Verkrampfungen, die zu den berüchtigten Schmerzen führen. Das Training selbst beeinflusst weder die Stärke noch die Länge der Menstruationsblutung. Lockeres Radfahren, Laufen und Schwimmen (mit Tampon) empfehlen sich während der Menstruation, Höchstleistungen sollten allerdings nicht unbedingt während der Monatsblutung geplant werden. Von Vorteil wäre es, die Regenerationswoche in die Menstruationswoche zu legen.

4.5 Kräftigung

(Kap. 4.5 und Kap. 4.6 in Zusammenarbeit mit der Physiotherapeutin und Psychologin Carmen Himmerich.)

Zu den wesentlichen Unterschieden zwischen Männern und Frauen gehört die Tatsache, dass Frauen deutlich weniger Muskelmasse aufweisen als Männer. Nach Dr. Strunz beträgt die Muskelmasse bei Frauen etwa 25-35 % des Körpergewichts, beim Mann 40-50 %.

Der Grund hierfür liegt zum einen bei den Hormonen (weniger Testosteron), zum anderen im genetischen Bereich (dehnungsfähigere Muskeln und Bänder, die für den Geburtsvorgang notwendig sind). Die geringere Muskulatur erfordert eine verstärkte Kräftigung, um gut ausgeprägt Knochen, Gelenke und Bänder zu schützen und unsere Körperhaltung zu optimieren.

Mit Kräftigungsübungen gewinnen wir zusätzlich an Kraft und können somit auch den normalen Muskelschwund ab dem 40. Lebensjahr kompensieren. Gleichzeitig verbessert sich die Durchblutung und der Stoffwechsel der Muskulatur. Kräftigungsübungen können wir sowohl in einem Fitnessstudio an den verschiedensten Geräten trainieren, aber auch zu Hause mithilfe unseres Körpergewichts. Dabei nutzen wir die Hebelwirkungen der Extremitäten und die Schwerkraft aus.

Unsere Ausdauersportarten kräftigen ja bereits einen Großteil unserer Muskulatur. Trotzdem gibt es auch für Triathletinnen Muskelgruppen, die während des Trainings kaum aktiviert werden. Daher werden nachfolgend die wichtigsten Übungen dargestellt:

Einige kurze Hinweise zur **richtigen Durchführung** der **Kräftigungsübungen**:
- Alle Übungen immer für beide Körperseiten ausführen.
- Atmen Sie ruhig und ganz normal, kein Luftanhalten oder Pressatmung!
- Dauer 15-30 s, bei 3-10 Wiederholungen, Pausen je 30 s.

Kräftigungsübungen

1. Kräftigung der schrägen Bauchmuskulatur

Ausgangsstellung: Rückenlage, Kopf abheben und Hände locker am Kopf.
Durchführung: Ellbogen und Knie berühren sich, während das andere Bein einige cm über dem Boden gehalten wird. Wechsel in die andere Diagonale.
Mögliche Fehler: Zu schnelle Ausführung und Überstreckung der Lendenwirbelsäule (Hohlkreuz).

2. Kräftigung der geraden Bauchmuskulatur

Ausgangsstellung: Rückenlage, Kopf abheben und Hände nach unten stemmen.

Durchführung: Beine abwechselnd strecken (bis kurz über dem Fußboden) und beugen. Kopf und Armhaltung beibehalten.

Mögliche Fehler: Siehe Übung 1.

3. Kräftigung des Rückens/gesamter Körper

Ausgangsstellung: Bauchlage mit nach vorne gestreckten Armen.

Durchführung: Die Zehen werden aufgestellt und die Fersen spannen nach hinten. Der Kopf und ein Arm werden einige Zentimeter vom Boden abgehoben, während das gegenüberliegende Bein ebenfalls abhebt. Die abgehobenen Extremitäten sollen den Körper auseinanderziehen. Der Kopf verharrt in Verlängerung der Wirbelsäule, der Blick wird hierbei auf den Boden gerichtet.

Mögliche Fehler: Das übertriebene Abheben der Extremitäten führt zur Überstreckung. Ebenso das „Nachvorneschauen".

4. Kräftigung der Schultern/gesamter Körper (Miniliegestütz und Liegestütz)

Ausgangsstellung beim Miniliegestütz: Bauchlage mit aufgestellten Armen und gebeugten Knien.

Durchführung: Es wird einige Male in den Liegestütz gegangen, wobei die Hände und die Knie den Boden berühren. Bei der normalen Liegestützübung erfolgt die Abstützung durch die aufgestellten Arme und die Fußspitzen.

Mögliche Fehler: Die Bauchmuskulatur sollte angespannt werden, damit die Lendenwirbelsäule nicht übermäßig gestreckt wird.

5. Seitliche Rumpfmuskulatur und Gesäßmuskulatur

Ausgangsstellung: Seitenlage mit Unterarmstütz.

Durchführung: Die Hüfte hebt sich vom Boden ab, sodass der gesamte Körper eine Linie bildet. Anschließend das obere Bein langsam unter Spannung anheben und senken.

Möglicher Fehler: Becken kippt nach vorn oder hinten.

4.6 Stretching/Dehnung

(Kap. 4.5 und Kap. 4.6 in Zusammenarbeit mit der Physiotherapeutin und Psychologin Carmen Himmerich.)

Sinn und Zweck einer Dehnung besteht darin, die ermüdete, durch Training beanspruchte oder bereits verkürzte Muskulatur wieder auf die normale Länge zu bringen.

Einige kurze Hinweise zur **richtigen Durchführung**:
- Alle Übungen immer für beide Körperseiten ausführen.
- Atmen Sie ruhig und ganz normal bei den Übungen. Kein Luftanhalten oder Pressatmung!
- **Dehnübungen:** Dehnungsdauer nach dem Einlaufen 8-10 s, nach dem Training 15-30 s. Wiederholungen 2-4, Pausen je 30 s.
- Ziehen ist erlaubt, Schmerzen sind zu vermeiden.

Dehnübungen

1. Dehnung der Brustmuskulatur
Ausgangsstellung:
Stand im Türrahmen.
Arm 90° angewinkelt.

Durchführung:
Oberkörper nach vorn verlagern.

Möglicher Fehler:
Drehen des Oberkörpers.

2. Dehnung der seitlichen Rumpfmuskulatur

Ausgangsstellung:
Stand, rechtes Bein überkreuzt.

Durchführung:
Heben Sie den rechten Arm seitlich nach oben und ziehen Sie ihn über den Kopf zur Gegenseite.

Möglicher Fehler:
Drehung des Rumpfs.

3. Dehnung der Wadenmuskulatur

Ausgangsstellung:
Schrittstellung
A: Dehnung der langen Wadenmuskulatur

Durchführung:
Das hintere Bein gestreckt halten und die Ferse auf den Boden drücken. Das Gewicht wird auf das vordere Bein verlagert, dessen Knie sich beugt.

Möglicher Fehler:
Die Ferse hebt vom Boden ab.

Ausgangsstellung:
B: Dehnung der kurzen Wadenmuskulatur.

Durchführung:
Wie A mit Kniebeugung im hinteren Bein.

4. Dehnung der vorderen Oberschenkelmuskulatur

Ausgangsstellung:
Stand.

Durchführung:
Führen Sie die Ferse ans Gesäß.

Mögliche Fehler:
Hohlkreuz und seitliches Abspreizen des Oberschenkels.

5. Dehnung der inneren Oberschenkelmuskulatur (Adduktoren)

Ausgangsstellung:
Stand, Beine gespreizt.

Durchführung:
Körpergewicht zu einer Seite verlagern, wobei das Knie gebeugt wird.

Möglicher Fehler:
Rumpfdrehung.

Anmerkung:
Besonders wichtig nach dem Lauftraining, da Verkürzung und Verspannung zu schmerzhafter Blockierung des Kreuz-Darmbein-Gelenks führen können.

6. Dehnung der hinteren Oberschenkelmuskulatur

Erste Möglichkeit:

Ausgangsstellung: Rückenlage.

Durchführung: Das zu dehnende Bein in der Kniekehle umfassen und den Unterschenkel Richtung Streckung bringen.

Zweite Möglichkeit:

Ausgangsstellung:
Stand mit dem zu dehnenden Bein auf einen Gegenstand (Treppe, Stuhl, Tisch, Zaun, Baum).

Durchführung:
Während beide Beine gestreckt sind, wird der Oberkörper aufrecht nach vorne gebeugt.

Mögliche Fehler:
Beugen der Wirbelsäule und der Knie.

7. Dehnung der Gesäßmuskulatur

Ausgangsstellung: Rückenlage.

Durchführung: Ziehen Sie Ihr zu dehnendes Bein so weit wie möglich an den Körper. Bringen Sie es in dieser Position auf die andere Seite, während das Becken auf dem Boden verbleibt.

Möglicher Fehler: Abheben der Hüfte.

8. Dehnung der Hüftbeuger

Ausgangsstellung: Einbeinkniestand.

Durchführung: Das Körpergewicht auf das vordere Bein verlagern.

Möglicher Fehler: Verdrehung des Rumpfs.

4.7 Regeneration

Für Triathletinnen nimmt die Regeneration einen ganz besonderen Stellenwert ein. Jeder von uns kennt die Symptome von überarbeiteten Menschen. Sie sind müde, ständig gereizt, mürrisch, eben mit sich und der Welt unzufrieden. Letztendlich sind sie auch weniger leistungsfähig. Dies kann nicht Ziel einer sportlichen Aktivität sein. Vielmehr muss es uns um eine Verbesserung der körperlichen und geistigen Leistungsfähigkeit gehen.

Die Regeneration, also die Wiederherstellung der vollen physischen und psychischen (der körperlichen und geistig-seelischen/mentalen) Leistungsfähigkeit erfordert von Triathletinnen besondere Aufmerksamkeit. Regeneration ist fast so wichtig wie das Training selbst.

Mit Regenerationsphase ist die Zeitspanne gemeint, die nach der Ermüdung des Organismus beginnt – also nach der Trainingsbelastung – und den Körper schließlich auf ein höheres sportliches Niveau bringt. Die Organe des Menschen und ihre Funktionen sind so eingestellt, dass ein bestimmter Trainingsreiz, z. B. ein 12-km-Dauerlauf, den Körper ermüdet, dieser sich dann schrittweise erholt und später auf eine stärkere Beanspruchung mit einer positiven Anpassung reagiert, hier z. B. mit einer Erhöhung der Sauerstoffaufnahmekapazität. Gleichzeitig verkürzt sich bei regelmäßiger sportlicher Betätigung die Regenerationszeit.

Aus diesem Grunde sind, unter Befolgung gezielter Wiederherstellungsmethoden, Weltklasseathleten in der Lage, ihre umfangreichen Trainingsprogramme zu absolvieren. Für normale Athletinnen, die einem geregelten Beruf nachgehen und möglicherweise noch eine Familie versorgen, können die Profis nicht als Vorbild dienen. Durchschnittsathletinnen müssen sich an Regenerationszeiten (vollständige Erholung) von 18-24 Stunden orientieren. Einsteigerinnen und ältere Triathletinnen verzeichnen dagegen noch längere Regenerationszeiten.

Wer also seinem Körper keine ausreichende Erholung gönnt, betreibt Raubbau. Eine ausreichende Regeneration ist sowohl für die Gesundheit als auch für eine Leistungssteigerung vonnöten. Zur Trainingsbelastung gehört eben auch die Erholung.

Bei der Regeneration von Triathletinnen lassen sich nachfolgend zwei Arten der Regeneration unterscheiden:

- Zum Einen die *Regeneration I* als Erholungsphase nach dem Training oder Wettbewerb.
- Zum Zweiten die *Regeneration II* als große Regenerationsphase (Übergangszeitraum), bei uns also im Herbst/Winter.

Regeneration als Erholungsphase nach Training oder Wettbewerb

Zwei markante Merkmale kennzeichnen ein ausgewogenes Trainingsprogramm:

- Der morgendliche Ruhepuls ist annähernd konstant, d. h., er weicht nicht mehr als fünf Schläge vom normalen Ruhepuls ab.
- Die Motivation zum Training ist vorhanden.

Für Einsteigerinnen sollten 2-3 Trainingstage pro Woche so verteilt sein, dass eine gleichmäßige sportliche Betätigung erfolgt. Also, nicht nur am Wochenende trainieren und dann die gesamte Woche überhaupt nichts tun. Besser ist eine gleichmäßigere Verteilung, wobei sicherlich die Schwerpunkte am Wochenende liegen können.

Z. B.	Mo./Di.	frei
	Mi.	Training
	Do./Fr.	frei
	Sa./So.	Training

Für *ambitionierte Wettkampfsportlerinnen* können sich die Trainingstage innerhalb einer Woche wie folgt verteilen:

Zwei Tage hintereinander Training	(Di./Mi.)
Ein Tag Regeneration	(Do.)
Drei Tage Training	(Fr./Sa./So.)
Ein Tag Regeneration	(Mo.)

Neben Regenerationstagen gibt es natürlich auch Regenerationswochen. Ambitionierte Athletinnen, die nach drei Trainingswochen eine Regenerationswoche einlegen, sollten diese nach Möglichkeit so planen, dass ihre Menstruationstage in diese Erholungswoche fallen.

Aktive Regenerationsmaßnahmen

So wie bei allen sportlichen Leistungen, bei denen es Frauen mit viel Talent und Frauen mit weniger Talent gibt – der Grund hierfür liegt sicherlich in der genetischen Veranlagung –, so gibt es auch Athletinnen, die sich schnell regenerieren und solche, die eben eine längere Pause benötigen. Trotzdem gibt es wichtige Grundsätze, die bei Befolgung die Erholungszeit verringern. Dazu gehört eine ganze Reihe von Maßnahmen. Jede Athletin hat nun die Möglichkeit, für sich die Maßnahmen zu wählen, die ihr den größtmöglichen Nutzen bringen. Die ermüdeten und erschöpften Muskeln werden durch die Bildung von Milchsäure und Harnstoffen schlechter als normal durchblutet. Leichte bis mittelschwere Aktivitäten **nach** der sportlichen Belastung fördern die Sauerstoffversorgung und damit die Durchblutung der ermüdeten Muskulatur. Aus diesen Gründen wirkt eine aktive Regeneration besser als eine passive Regeneration, nämlich die Ruhe.

Zu den aktiven Regenerationsmaßnahmen gehören:

- Abwärmen,
- trockene Trainingsbekleidung,
- Flüssigkeitsaufnahme,
- ausreichend Schlaf,
- Stretchen,
- Massagen,
- Erwärmungsbäder, Entspannungsbäder, Entmüdungsbäder,
- Sauna, Whirlpool,
- elektrische Muskelstimulation (EMS) sowie
- Beschäftigung mit anderen Dingen als mit dem Sport.

Regenerationsmaßnahmen nach einem Wettbewerb

„Nach dem Wettbewerb ist vor dem Wettbewerb", lautet die Devise. 5-10 Minuten austraben oder 8 km lockeres Radfahren oder 500 m lockeres Schwimmen dienen zur Lockerung der strapazierten Muskeln, was wiederum den Abbau von Stoffwechselschlacken fördert. Für eine wirkungsvolle und schnelle Regeneration sind die Elektrolytgetränke und eine kohlenhydratreiche Ernährung von entscheidender Bedeutung. Nach einem Wettbewerb sollten in den darauf folgenden Tagen nur Trainingseinheiten mit einer sehr geringen Intensität ausgeführt werden. Schwimmen und Radfahren sind gegenüber dem Laufen zu bevorzugen, da diese Sportarten den Körper weniger belasten. Schwimmen weist die kürzeste Regenerationszeit auf, da hierbei relativ kurze muskuläre Belastungen auftreten.

Nach kräferaubenden Wettbewerben umfasst die Regeneration nicht nur einige Tage, sie kann auch mehrere Wochen in Anspruch nehmen. Erst danach sollte wieder ganz normal trainiert werden. Für die Zeitdauer der Regeneration gibt es keine feste Formel. Sie hängt u. a. von der Wettbewerbsdauer, der Zahl der Trainingsjahre, vom Trainingszustand und von der genetischen Veranlagung ab.

Anhaltswerte für Regenerationszeiten:

Distanz	Einsteigerinnen	Fortgeschrittene
Jeder-Frau-Distanz	Eine Woche	Einige Tage
Olympische Distanz	Zwei Wochen	Eine Woche

Während dieser Regenerationszeit sind die Trainingsintensität und der Trainingsumfang deutlich vermindert. Vorteilhaft ist hierbei der Pulsmesser, der unabhängig vom Gefühl hilfreiche Dienste leistet.

Im Anschluss an diesen Zeitraum kann jede Athletin wieder ganz normal trainieren. Neben dem Pulsmesser gibt natürlich auch das Trainingsgefühl wichtige Aufschlüsse zum regenerierenden Training. Während der allgemeinen Regenerationszeit geht es uns nicht nur um die physische, sondern auch um die psychische Erholung.

Wer als Athletin seinem Körper und seiner Psyche keine ausreichende Regeneration gönnt, zudem sein Training zu schnell steigert und viele Wettbewerbe bestreitet, dem wird über kurz oder lang das Problem des Übertrainings verfolgen.

4.8 Übertraining und Verletzungen

Bei Frauen ist die Gefahr besonders groß, dass sie ins Übertraining kommen. Das muss nicht unbedingt daran liegen, dass Frauen zu viel trainieren, sondern dass oft versucht wird, das Training optimal neben Beruf, Haushalt und Familie unterzubringen. Da bleibt wenig Zeit für die Erholung, die Regeneration. Aber genau diese ist es, die für eine Leistungssteigerung das „A und O" darstellt. Hier ist es für Frauen wichtig, dass sie lernen, NEIN zu sagen und versuchen, Aufgaben – wenn möglich – zu delegieren.

Das leidige Thema **Übertraining** ist in der Trainingspraxis nicht nur bei ambitionierten, sondern auch bei übereifrigen Einsteigerinnen festzustellen. Treten beim Triathlontraining anstatt der erwarteten Leistungssteigerungen deutliche Leistungsverschlechterungen auf, ohne dabei organisch krank zu sein, so liegen eindeutige Anzeichen eines Übertrainings vor. Wer ist besonders gefährdet? Diejenigen, die

- keine ausreichende Basis für ihr intensives Training besitzen, die die Grundlagenausdauer vernachlässigt haben.
- den Sport zu „ernst" nehmen.
- ihre beruflichen und privaten Belastungen bei der Trainingsgestaltung außer Acht lassen, also ihr persönliches Umfeld ignorieren.
- regelmäßig mit zu hoher Intensität trainieren und zu viele Wettkämpfe bestreiten.
- sich keine ausreichende Regeneration gönnen.

Auch ohne medizinische Untersuchungen lässt sich der Zustand des Übertrainiertseins durch eine Reihe von Symptomen selbst erkennen. Ein wenig Selbstkritik ist sehr hilfreich dabei!

- Häufiges Auftreten von Erkältungen, Fieber.
- Unlust zum Training, Gleichgültigkeit.
- Leistungsabfall trotz gesteigerten Trainings.
- Unfähigkeit zur Entspannung.
- Erhöhter Ruhepuls um ca. 5-10 Schläge.
- Kraftlosigkeit beim Training.
- Störungen beim Einschlafen und unruhiger Nachtschlaf.
- Unkonzentriertheit, Depressionen.
- Appetitlosigkeit, Gewichtsverlust.
- Muskel- und Gelenkschmerzen.

Maßnahmenkatalog gegen Übertraining

Mit welchen Maßnahmen kann ich nun selbst erfolgreich diesen Zustand des Übertrainings beheben und was ist zu tun, damit es nicht zum Übertraining kommt? Ohne eine feste Rangfolge anzugeben, können wir nur zu Folgendem raten:

- Trainingsumfang reduzieren, mehr Ruhetage einplanen und auch einhalten.
- Nur noch regenerativ trainieren, d. h. im unteren Intensitätsbereich von 60 %.
- Den Grundsatz: „Sport soll doch Spaß machen" auch tatsächlich praktizieren.
- Sich einer Trainingsgruppe anschließen, die ruhiger trainiert.
- Wettbewerbe erst nach mehrmonatiger Vorbereitung mit Training im unteren und mittleren Intensitätsbereich bestreiten.
- Verzicht auf Alkohol und Nikotin.
- Die Regenerationswochen nach Wettbewerben unbedingt einhalten.
- Ein Trainingstagebuch führen, um eine Kontrollmöglichkeit zu haben.

- Den Übergangszeitraum (große Regenerationsphase) ausreichend lang wählen.
- Die Anzahl der Wettbewerbe im Jahr deutlich reduzieren.
- Für ausreichend Schlaf sorgen.
- Das Training abwechslungsreicher gestalten. Häufiger in der Gruppe trainieren.
- Nicht jeden Triathlon „todernst" nehmen. Es gibt wichtigere Dinge im Leben als Schwimmen, Radfahren und Laufen.
- Wettbewerbe nicht unbedingt immer mit 100 % Einsatz bestreiten. 85-90 % können auch ausreichen, um Spaß daran zu haben.
- Lieber mal eine Trainingseinheit ausfallen lassen, als unbedingt sein Programm durchzuziehen.
- Nach Verletzungen darf nur eine langsame Erhöhung der Trainingsbelastung folgen.
- Das gesamte Umfeld überprüfen.
- „Tapetenwechsel" praktizieren, d. h. Urlaub oder Kurzurlaub einlegen.

Wer einen Teil dieser Maßnahmen beherzigt und sich immer wieder klarmacht, dass doch der Sport der Gesundheit zu dienen hat und nicht die Gesundheit dem Sport, der wird nach einiger Zeit wieder mit mehr Spaß und Freude seiner sportlichen Betätigung nachgehen. Wie lang dieser Übertrainingszustand mit all seinen negativen Folgen bei Ihnen anhält – ob Wochen oder Monate –, hängt ganz allein von Ihnen ab.

Oft ist es so, dass die verbissenen Athletinnen die Schuld für ihre unerwartet schwachen Wettbewerbsergebnisse bei anderen suchen, wie bei der Trainingsgruppe, beim Wetter, bei der vielen Arbeit, bei der Familie, beim zu langsamen Training usw. Bitten Sie eine erfahrene und ehrliche Sportsfreundin um Mithilfe bei der Suche nach der Ursache für Ihren Übertrainingszustand. Ist diese gefunden, kann mit der entsprechenden Eigentherapie begonnen werden.

Was **Verletzungen** betrifft, so ist bei Frauen häufiger als bei Männern eine X-Bein-Stellung zu beobachten sowie auch ein Einknicken des Fußes nach innen (Pronation). So können Überlastungen am Knie oder am Unterschenkel auftreten. Läuferinnen sollten darauf achten, die Laufschuhe zu wechseln, da durch einseitige Überlastung am Fuß- und Unterschenkelknochen Stressfrakturen (Ermüdungsbrüche) auftreten können.

Das Kniegelenk ist beim Laufen hohen Belastungen ausgesetzt und biomechanisch haben Frauen gegenüber den Männern Nachteile. Das Risiko von Bänderverletzungen ist höher, weil durch eine stärkere Pronation und durch eine X-Bein-Stellung vermehrt Kräfte auf die Bänder wirken.

4.9 Erfolgskontrolle

Welche Möglichkeiten der Erfolgskontrolle, der Überprüfung unserer eigenen sportlichen Fortschritte oder Leistungsverbesserungen, haben wir nun? Wir möchten Ihnen sieben Verfahren aufzeigen, die Sie ohne einen großen Kostenaufwand von Zeit zu Zeit, z. B. im Abstand von 4-6 Wochen, selbst durchführen können. Notieren Sie auch diese Werte in Ihrem Wochenplan!

1. Kurzbeschreibung des eigenen Gefühls.
2. Pulskontrolle.
3. Veränderungen des BMI-Werts.
4. Verringerung des eigenen Körperfetts.
5. Ausdauertest nach Cooper.
6. Verbesserung von Laufzeiten oder Radzeiten auf bekannten Strecken.
7. Belastungs-EKG beim Internisten oder Sportmediziner.

4.9.1 Subjektives Gefühl

Notieren Sie sich z. B. in Abständen von einem Monat, wie Sie sich beim Training fühlen, z. B.: keine Verbesserung, leichte Verbesserung, deutliche Verbesserung. Darüber hinaus schreiben Sie Ihr Tagesgefühl, wie z. B. leicht, locker, träge, schwerfällig, super, nieder. In der Nachbetrachtung helfen diese Kurzbemerkungen oft, wenn sich Infekte ankündigen oder Sie sich von Monat zu Monat besser und stärker fühlen.

4.9.2 Pulsveränderungen

Messen Sie 1 x in der Woche vor dem Aufstehen Ihren Ruhepuls. Sinkt er ein wenig, so sind Sie auf dem richtigen Weg. Sinkt auch Ihr Belastungspuls bei gleicher Geschwindigkeit auf einer bestimmten Strecke, so verbessert sich Ihre Fitness deutlich. Sie befinden sich auf der Erfolgsstraße. Liegt dagegen Ihr Ruhepuls um mehr als 10 Schläge höher als normal, unterbrechen Sie Ihr Training, weil sich eine Infektion oder Krankheit anbahnt. Bei einer Erhöhung um fünf Schläge haben Sie in den vergangenen Tagen zu intensiv trainiert, also noch ruhiger trainieren und etwas kürzer.

4.9.3 Veränderungen des BMI-Werts

Der so genannte Body-Mass-Index (BMI) gibt uns einen wichtigen Anhaltspunkt zur Bewertung unseres Körpergewichts an. Er errechnet sich aus dem Körpergewicht in kg, geteilt durch das Quadrat der Körpergröße in Metern.

$$BMI = Gewicht\ in\ kg/Körpergröße\ im\ Quadrat$$

Ein konkretes Beispiel: Körpergewicht 60 kg bei 1,60 m Körpergröße. BMI = $60/1{,}60^2$ = 23,43.

Weitere Beispiele:

Körpergewicht in kg	Körpergröße in m	Körpergröße zum Quadrat	BMI = Körpergewicht in kg/Körpergröße²
60	1,60	2,56	23,43
60	1,70	2,89	20,76
70	1,70	2,89	24,22

Die BMI-Richtwerte:

	Frauen
Untergewicht	< 19
Normalgewicht	**19-24**
Übergewicht	24-30
Behandlungsbedürftiges Übergewicht	> 30

Hier kann sich jeder selbst einstufen. Sinkt dieser BMI-Wert, so wird unser Körper straffer und fitter. Für untergewichtige Menschen wird sich der BMI-Wert durch vielseitige sportliche Bewegung erhöhen, er wird sich also normalisieren.

Der BMI-Wert sagt allerdings wenig über den eigenen Körperfettanteil aus. Daher ist der Körperfettanteil eine weitere interessante Größe bei unserer Erfolgskontrolle.

4.9.4 Verringerung des eigenen Körperfettanteils

Fest steht, dass Frauen deutlich höhere Körperfettanteile als Männer haben. Die typisch weiblichen Rundungen bestehen zu einem großen Teil aus Körperfett. Bei Frauen mit einem sehr geringen Körperfettanteil kommt es häufig zu gesundheitlichen Problemen wie:

- Unregelmäßige oder ausbleibende Periode,
- reduzierte Fruchtbarkeit,
- Knochenschwund (Osteoporose) sowie
- brüchige Knochen.

Als Faustformel gilt:
Der Körperfettanteil – das Verhältnis von Fett zu Muskelmasse – sollte
    bei **Frauen** zwischen 20 und 30 %,
    bei **Männern** zwischen 10 und 20 % liegen.

Berechnen lässt sich der Körperfettanteil **näherungsweise** nach folgenden Formeln:
    Frauen: Körperfettanteil = BMI mal 1,48 minus 7
    Männer: Körperfettanteil = BMI mal 1,218 minus 10,13

Alternativ gibt es **elektronische Waagen**, mit denen wir unseren Körperfettanteil bestimmen können. Diese beruhen auf dem Prinzip, dass Muskelzellen durch ihren hohen Wasseranteil den Strom leichter leiten als

Fettzellen. In Verbindung mit dem Geschlecht und der Körpergröße geben diese Waagen den Anteil von Fett und anderen Körperbestandteilen an.

Bei der Bewertung des Körperfettanteils in Gewichtsprozent gelten je nach Alter für **Frauen** folgende Werte:

Alter	Zu wenig	Sehr gut	Gut	Mittel	Schlecht	Sehr schlecht
20-24	Unter 18,9	18,9	22,1	25,0	29,6	Über 29,6
25-29	Unter 18,9	18,9	22,0	25,4	29,8	Über 29,8
30-34	Unter 19,7	19,7	22,7	26,4	30,5	Über 30,5
35-39	Unter 21,0	21,0	24,0	27,7	31,5	Über 31,5
40-44	Unter 22,6	22,6	25,6	29,3	32,8	Über 32,8
45-49	Unter 24,3	24,3	27,3	30,9	34,1	Über 34,1
50-59	Unter 26,6	26,6	29,7	33,1	36,2	Über 36,2
60 +	Unter 27,6	27,6	31,0	34,4	38,0	Über 38,0

Mit zunehmendem Alter steigt also der Anteil des Körperfetts. Der Grund ist darin zu suchen, dass sich der menschliche Körper von Natur aus größere Reserven zulegt, sozusagen für schlechte Zeiten. Diese Tatsache ist biologisch bedingt. Mit Zunahme der sportlichen Leistungsfähigkeit wird in der Regel der Körperfettanteil abnehmen. Bei zu geringen Werten kann sich dieser durch ein ausgewogenes Ausdauertraining normalisieren.

4.9.5 Ausdauertest nach Cooper

Von den verschiedenen Praxistests, die jeder ohne größere Schwierigkeiten selbst durchführen kann, hat sich der so genannte *Cooper-Test* bewährt. Dieser, von dem amerikanischen Sportmediziner und Astronautentrainer Dr. med. Kenneth Cooper entwickelte Lauftest lässt sich am besten auf einer 400-m-Laufbahn durchführen, da innerhalb von 12 Minuten Laufzeit die zurückgelegte Wegstrecke ein Maß für die Fitness darstellt. Sollte ein Stadion mit einer entsprechenden Laufbahn nicht vorhanden sein, so lässt sich dieser Test auch auf einer Landstraße durchführen. Ein hinter dem Läufer herfahrender PKW gibt per Hupe das Start- und Haltezeichen und liest die zurückgelegte Strecke per Tachometer ab.

Dieser Test, bei dem es darum geht, in **12 Minuten eine möglichst lange Laufstrecke** (bzw. *Lauf-Geh-Strecke*) in der Ebene zurückzulegen, gibt das Maximum der momentanen Leistungsfähigkeit im Laufen an. Je größer die zurückgelegte Laufstrecke in Kilometern ist, umso besser ist Ihre Fitness. Auf Grund geringerer Muskelmasse sind die Kilometerumfänge bei den Frauen (bei gleicher Fitnesskategorie) etwas geringer als bei den Männern.

(Angaben in Kilometern in Abhängigkeit vom Alter)

Fitnesskategorie	Geschlecht	13-19 J.	20-29 J.	30-39 J.	40-49 J.	50-59 J.	60 + J.
I. Sehr schwach	Männer	‹ 2,08	‹ 1,95	‹ 1,89	‹ 1,82	‹ 1,65	‹ 1,35
	Frauen	‹ 1,60	‹ 1,45	‹ 1,50	‹ 1,41	‹ 1,34	‹ 1,25
II. Schwach	Männer	2,08-2,19	1,95-2,10	1,89-2,08	1,82-1,98	1,65-1,86	1,39-1,63
	Frauen	1,60-1,89	1,54-1,78	1,52-1,68	1,41-1,57	1,34-1,49	1,25-1,38
III. Mittel	Männer	2,21-2,50	2,21-2,50	2,10-2,32	2,00-2,22	1,87-2,08	1,65-1,92
	Frauen	1,90-2,06	1,79-1,95	1,70-1,89	1,58-1,78	1,50-1,68	1,39-1,57
IV. Gut	Männer	2,51-2,75	2,40-2,62	2,34-2,50	2,24-2,45	2,10-2,30	1,94-2,11
	Frauen	2,08-2,29	1,97-2,14	1,90-2,06	1,79-1,98	1,70-1,89	1,58-1,74
V. Ausgezeichnet	Männer	2,77-2,98	2,64-2,82	2,51-2,70	2,46-2,64	2,32-2,53	2,13-2,48
	Frauen	2,30-2,42	2,16-2,32	2,08-2,22	2,00-2,14	1,90-2,08	1,76-1,89
VI. Überragend	Männer	› 2,99	› 2,83	› 2,72	› 2,66	› 2,54	› 2,50
	Frauen	› 2,43	› 2,34	› 2,24	› 2,16	› 2,10	› 1,90

(Quelle: Cooper, 1994)

Dieser 12-Minuten-Test bildet nicht nur ein zuverlässiges Maß für die vorhandene Fitness, sondern er liefert gleichzeitig auch zuverlässige Aufschlüsse über die läuferischen Fortschritte. Die einfache Durchführung in der Praxis ermöglicht zudem eine regelmäßige Überprüfung der eigenen Leistungsfähigkeit.

Da die Durchführung dieses Tests ohne fremde Hilfe und ohne großen Aufwand möglich ist, sollten Sie in sechs Wochen Ihre momentane Fitness wieder überprüfen. Sie werden staunen, welche Fortschritte Sie erzielt haben. Ein Tipp noch zur Durchführung: Versuchen Sie, diesen Test zu zweit, zu dritt oder in der Gruppe zu absolvieren. Hierbei läuft es sich einfach leichter, als wenn man allein unterwegs ist.

4.9.6 Verbesserung der Schwimm-, Lauf- und Radzeiten

Für Triathletinnen, die gerne auch Wettbewerbe aus dem normalen Training heraus bestreiten, gibt es eine weitere Möglichkeit der Erfolgskontrolle. Z. B. kann dies bei einem 5-km-Volkslauf oder bei einer Radtouristikfahrt geschehen. Werden die Zeiten kürzer, in denen man eine bestimmte Strecke schafft, so ist damit eine Leistungsverbesserung verbunden.

4.9.7 Belastungs-EKG

Bei einem Belastungs-EKG, das entweder beim Internisten oder Sportmediziner durchgeführt werden kann, erfolgt der Test entweder auf dem Ergometer (Standfahrrad) oder auf dem Laufband. Unter steigender Belastung wird hierbei sowohl der Blutdruck als auch der Belastungspuls registriert. Unter ärztlicher Aufsicht ist hier die Möglichkeit gegeben, sich maximal zu belasten. Wegen der anfallenden Kosten ist es ratsam, vorher mit dem Arzt zu sprechen.

4.9.8 Vorzüge einer Erfolgskontrolle

Eine Erfolgskontrolle, die wir getrost alle 4-6 Wochen in irgendeiner Form durchführen sollten, macht in jedem Falle Sinn. Der damit verbundene Aufwand ist gering und lässt sich ohne Problem in das normale Trainingsgeschehen einbinden.

Ergeben sich **verbesserte Werte**, so:
- stärken wir damit unser Selbstbewusstsein,
- steigern unsere Eigenmotivation und
- ernten den sichtbaren Lohn für unsere sportlichen Bemühungen.

Ergeben sich **schlechtere Werte**, so
- mahnen uns diese zur kritischen Überprüfung unserer Bestrebungen und zu Veränderungen in puncto Bewegung und/oder Ernährung.
- heißt es jetzt, neue, eventuell kleinere Teilziele zu setzen, um in einem Monat bei der erneuten Kontrolle wieder Erfolge verzeichnen zu können.

Wir sehen, es gibt zahlreiche Möglichkeiten, seine Verbesserungen auch tatsächlich zu messen. Allerdings sollten wir unseren Ehrgeiz nicht so weit vorantreiben, dass es uns nur noch um möglichst schnelle Verbesserungen geht. Wir haben uns vorgenommen, an die erste Stelle die spaßbetonte Bewegung zu setzen, die Freude an der Bewegung durch Feld, Wald und Flur oder auch nur die Bewegung im eigenen Keller, eben zu genießen.

5 Die Ernährung

Neben der Bewegung übt unsere Ernährung großen Einfluss auf unseren Körper aus. Schließlich streben wir ja alle an, dass unsere Organe – ja unser gesamter Körper – besser funktioniert, dass

- wir unser Herz-Kreislauf-System fit und leistungsfähig halten,
- wir das Absinken des Hormonspiegels in der Lebensmitte vermindern,
- wir die Alterungsprozesse von Muskeln, Bindegewebe und Knochendichte hinausschieben,
- wir unserer Psyche freie Bahn geben,
- wir zeitweilige Esssünden ausgleichen können,
- wir unser verbessertes Körpergefühl genießen dürfen.

Viele Frauen kennen das Problem, sie wollen an bestimmten Körperregionen abnehmen, aber es funktioniert einfach nicht. Hier hilft die richtige Ernährung weiter.

5.1 Die richtige Ernährung hilft

Wenn Essen ein besonderer Lebensgenuss ist, können aktive Frauen eben besonders viel und häufig genießen! Natürlich gibt es eine Reihe von Sportlerinnen, die Freude am Essen haben. Ihnen ist es egal, ob ihr Essen besonders gesund und in seiner Zusammensetzung ausreichend sportgerecht ist. Das sind glückliche Menschen, deren Appetit und Essgewohnheiten auf eine Art und Weise selbst geregelt werden, sodass sie nicht besonders auf Quantität und Qualität achten müssen. Sie schlemmen gern, essen, was ihnen schmeckt und haben erstaunlicherweise keine Probleme. Die meisten Menschen können das nicht.

Ausdauer und Kraft kann „Frau" nicht essen! Eine vernünftige Ernährung hilft aber, die Wirksamkeit des Trainings zu verstärken und die Gesundheit zu stabilisieren. Natürliche oder naturbelassene Nahrungsmittel sind für einen aktiven Menschen das Beste. Nicht nur, weil sie die natürliche Ausgewogenheit von Vitaminen, Mineralien und Spurenelementen, sondern auch die wichtigen Enzyme enthalten, die für die Effizienz der Vitamine benötigt werden.

Kleine genetische Unterschiede zwischen den Geschlechtern

Frauen weisen einen anderen Stoffwechsel auf, einen anderen Hormonhaushalt sowie einen anderen Gewebeaufbau als Männer. Der Körperfettanteil mit ca. 20 % (Spitzensportlerinnen natürlich weniger) ist im Durchschnitt höher als bei Männern, der bei etwa 11 % liegt. Sie schleppen zwar mehr Gewicht mit sich herum, übertreffen die Männer allerdings in der Fettverbrennung. Sportlerinnen verwerten einfache Kohlenhydrate, die in Sportgels und Sportdrinks vorkommen, besser als ihre männlichen Kollegen.

Wie funktioniert das nun mit dem Abnehmen?

Der weibliche und der männliche Organismus reagiert bei Training auf die gleiche Weise: Werden mehr Kalorien verbrannt als zugeführt, dann sinkt das Körpergewicht. Wächst die Trainingsintensität und der Umfang, dann verringert sich auch der Körperfettanteil. Aber nicht das Kalorienzählen allein führt zum Abnehmen, entscheidend ist vor allem das geänderte Essverhalten. Aber das Projekt „Abnehmen" erfordert Geduld, viele Frauen werfen nach wenigen Wochen entnervt das Handtuch, weil der Zeiger der Waage viel zu langsam zurückgeht.

Hier ist auch Ausdauer gefragt, denn ein Stoffwechsel, der „gerne Fett verbrennt", muss allmählich aufgebaut werden. Kleine Schritte führen zum Erfolg, und ab 40 Jahren funktioniert alles noch ein wenig langsamer. Fettpolster legen sich ab 40 noch leichter an und dann sind noch mehr Geduld und Durchhaltevermögen gefordert.

Am besten funktioniert das Abnehmen, wenn kleine und reduzierte Portionen den ganzen Tag über verteilt zu sich genommen werden. Aufs Frühstück sollte keinesfalls verzichtet werden! Wer das Frühstück auslässt, gerät leicht in Versuchung, zu Mittag zu viel zu essen. Noch schlimmer ist es, wenn das reichhaltigste Essen das Abendessen ist, da die Nahrung teilweise nicht mehr verdaut wird. Richtiges Essen dauert seine Zeit, darum gilt: sich hinsetzen und die Nahrung gut kauen!

Dass Fett vor allem bei langsamem Tempo verbrannt wird, stimmt schon, aber die absolute Menge der verbrannten Fettkalorien nimmt mit steigender Belastung zu. D. h.: Sie sollten sich nach wie vor im Ausdauerbereich bewegen, aber hin und wieder schnellere Einheiten einplanen, da hier in Summe wesentlich mehr Fettkalorien verbrannt werden. Die Kombination aus geändertem Essverhalten und Training lässt die Fettpolster schmilzen, vor allem die Zonen rund um Bauch, Po und Oberschenkel straffen sich.

Zusammensetzung der Nahrung

Von großer Wichtigkeit ist für Triathletinnen die Zusammensetzung ihrer Nahrung. Eine nicht angemessene Nahrung führt unweigerlich zur Leistungsminderung, die sich in vorzeitiger Ermüdung auswirkt. Nährstoffe, die unserem Organismus Energie liefern, sind Kohlenhydrate, Fette und Eiweiß.

Kohlenhydrate spielen eine große Rolle beim Energiestoffwechsel des Muskels. Sie stellen praktisch den Treibstoff für jede Art von körperlicher Betätigung dar. Der Organismus speichert Kohlenhydrate vorrangig im Zellgewebe des Muskels und der Leber. Je besser der Gesundheitszustand eines Menschen ist, umso größer sind diese Reserven, umso dauerhafter steht ihm Energie für seine sportliche Betätigung zur Verfügung. Für sporttreibende Menschen sind jedoch nicht die einfachen Kohlenhydrate wie Hauhaltszucker von Bedeutung, sondern die so genannten *komplexen Kohlenhydrate* oder *Mehrfachzucker*. Sie versorgen den Körper mit lang anhaltender Energie und gleichzeitig mit wichtigen Mineralstoffen und Vitaminen. Dazu zählen Getreide, Getreideprodukte, Kartoffeln, Nudeln und Gemüse.

Fette werden besonders bei längeren Ausdauerleistungen und bei geringer bis mittlerer Intensität verbraucht. Ein gewisser Anteil an Fett in der Nahrung ist erforderlich, um die essenziellen Fettsäuren, – die Linolsäure – die der Körper selbst nicht produzieren kann, über die Nahrung zuzuführen. Ausdauersportlerinnen kommen allerdings mit einem relativ geringen Fettanteil in der Nahrung aus. Daher sollte besonders auf die so genannten *versteckten Fette* geachtet werden. Diese finden sich in Fleisch, Wurst, Schokolade, Käse, Soßen, Eiern, allen panierten Speisen, Pfannkuchen, Mehlspeisen und Pommes frites.

Ein besonderes Augenmerk sollten wir Triathletinnen auf den Verzehr von **Eiweiß (Proteine)** legen, da wir durch unser regelmäßiges Training einen erhöhten Eiweißbedarf aufweisen. Die Gefahr einer Unterversorgung durch Eiweiß besteht darin, dass in unserem Körper nur Kohlenhydrate und Fette als Energiequelle gespeichert werden, Eiweiß jedoch nicht. Eine unzureichende Eiweißzufuhr führt deshalb zu Muskelkater, Zerrungen, einer gesteigerten Infektanfälligkeit, einer Verminderung der Konzentration, Koordination, der allgemeinen Leistungsbereitschaft,

Aktivität und Lebensfreude. Die Ursachen für den Mehrbedarf an Eiweiß liegen in der Muskelneubildung und dem erhöhten Erhaltungsbedarf durch den höheren Muskelanteil.

Der Rat von Dr. Strunz (2000) bezüglich der Verteilung der Nahrungsbestandteile lautet wie folgt:

Kohlenhydrate	Fette	Eiweiß
60	20	20 Energieprozente.

Da kein Mensch dies exakt nachvollziehen kann, lautet sein einsichtiger Rat:

Möglichst viel Eiweiß, wenig Fett und der Anteil der Kohlenhydrate ergibt sich von allein!

Um den täglichen erforderlichen Eiweißbedarf in unserer Nahrung zu erreichen, ist darauf zu achten, dass neben einer ausreichenden Menge auch ein Gleichgewicht zwischen tierischen und pflanzlichen Eiweißen besteht. Ebenso sollte auf die günstigen Eiweißkombinationen wie:

- Getreide + Hülsenfrüchte,
- Mais + Bohnen,
- Kartoffeln + Ei, Milch, Fleisch, Fisch,
- Brot + Wurst, Käse, Milch, Ei

großer Wert gelegt werden.

Vitamine

Körperliche Belastung durch Training führt nicht nur zu einem höheren Energieverbrauch. Die menschlichen Grundbausteine Kohlenhydrate, Eiweiß und Fette sind nur resorbierbar, wenn gleichzeitig Vitamine zur Verfügung gestellt werden. Fastfoodnahrungsmittel, bei denen vor allem Vitamine und Mineralien fehlen, sind daher für einen aktiven Menschen alles andere als förderlich. Besonders wichtig sind die Vitamine A_1, B_1, B_2, B_6, B_{12}, C und E. Vitamin B und C dienen ebenfalls zur Abwehr von grippalen Infekten.

Mineralien

Mineralstoffe sind für die Muskelarbeit unerlässlich. Da durch Schweißbildung eine Reihe von Mineralien verloren geht, müssen diese durch die Nahrungsaufnahme wieder ersetzt werden. Mineralmangel zeigt sich sehr häufig in Form von Krämpfen und allgemeiner Leistungsminderung. Da auch hier keine Lagerhaltung möglich ist, empfiehlt sich ein kontinuierlicher Ausgleich durch eine gesunde Frisch- und Mischkost.

5.2 Die richtige Flüssigkeitsaufnahme

Trinken können wir nie genug, aber mehr als 1 l Flüssigkeit pro Stunde kann unser Darm nicht aufnehmen. Für jede Sportlerin spielt der Flüssigkeitshaushalt eine ganz entscheidende Rolle und kann vornehmlich in der warmen und heißen Jahreszeit sehr wichtig werden. Wasserverluste von bis zu 2 l pro Stunde sind an heißen Tagen möglich. Werden diese Flüssigkeitsverluste nicht kontinuierlich ersetzt, bedeutet dies, dass dem Blut und dem gesamten Körper Wasser entzogen wird. Das Blut wird dickflüssiger und kann deshalb viele Aufgaben als Transportmittel nur noch beschränkt erfüllen.

Bereits bei 2 % Wasserverlust vermindert sich die Ausdauerleistung. Das gleichzeitig entstehende Durstgefühl signalisiert uns trinken, trinken und nochmals trinken. Wer dieses Durstgefühl unterdrückt und keine Flüssigkeit zu sich nimmt, riskiert Übelkeit, psychische Störungen und mangelhafte motorische Koordination, die sich durch Wanken und Torkeln bemerkbar macht.

Diese absolut vermeidbaren Erscheinungen, die bei ca. 6 % Wasserverlust auftreten, werden uns – leider – von den Medien immer wieder gezeigt. Dass sich selbst erfahrene Sportprofis offensichtlich nicht die Zeit nehmen, sich ausreichend mit Flüssigkeit zu versorgen, ist für uns nicht nachvollziehbar. Sie gefährden durch ihren Leichtsinn ihre Gesundheit. Das kann nicht Sinn und Zweck des Sports sein!

Mit dem Schweiß gehen leider auch die so wichtigen Mineralstoffe verloren, die möglichst schnell wieder aufgefüllt werden müssen. Da Mineralwasser nicht gleich Mineralwasser ist, sollten Sportlerinnen hierbei besonders auf einen möglichst hohen Gehalt an Magnesium (Mg > 100 mg/l), Kalzium (Ca > 200 mg/l) sowie einen möglichst niedrigen Gehalt an Natrium (Na < 50 mg/l) achten.

Weitere empfehlenswerte Möglichkeiten des Flüssigkeitsersatzes bietet jeweils ein Gemisch aus naturreinem Apfelsaft + Mineralwasser oder „Brottrunk®" + Apfelsaft.

5.3 Essen vor dem Training

Vor dem Training gilt es, durch leichte, möglichst ballaststoffarme Kost den Magen-Darm-Trakt nicht unnötig zu belasten. Dies ist möglich durch Aufnahme von Weißgraubrot mit Honig oder Rübensirup, Obst und Obstsäfte + „Brottrunk®". An Tagen mit zu erwartenden hohen Temperaturen oder längeren Distanzen eine halbe Stunde vor dem Training zusätzlich 0,5 l Flüssigkeit trinken.

5.4 Trinken und Essen nach dem Training

Wie schnell Sie nach dem Training wieder topfit sind, hängt u. a. ganz wesentlich von der Ernährung und Ihrer Flüssigkeitsaufnahme ab. Nach der Belastung empfiehlt es sich, Flüssigkeit und Kohlenhydrate aufzunehmen. Kohlenhydratreiche Flüssigkeiten, Suppen, Obstsäfte mit Wasser verdünnt und „Brottrunk®" eignen sich hier besonders. Nachfolgend sollten Sie Ihre Kohlenhydratspeicher mit fester Nahrung in Form von Brot, Reis, Nudeln, Kartoffeln, Schmelzflocken u. a. auffüllen. Da Fett die Kohlenhydrataufnahme verlangsamt, eignen sich Fleisch- und Wurstwaren, sehr fette Milchprodukte, Schokolade und Kuchen, die fettreich sind, weniger.

5.5 Genussmittel

Bekanntlich greift die überwiegende Mehrheit von Ausdauersportlerinnen gerne zu Kuchen und Süßigkeiten. Der Grund liegt in der Verringerung des Blutzuckerspiegels nach längeren sportlichen Betätigungen. Anstatt zu den Genussmitteln wie Schokolade, Kuchen, Süßigkeiten, Eiscreme, Cola, Limonaden, Kaffee, schwarzer Tee oder alkoholischen

Getränken – und damit zu den leeren Joule- bzw. Kalorienträgern – zu greifen, ist es ratsam, diesen Heißhunger durch hochwertige Nährstoffe zu stillen.

Dafür kommen insbesondere Frisch- und Trockenobst sowie Vollwertkuchen infrage. Kaffee und schwarzer Tee haben darüber hinaus den Nachteil, dass sie harntreibend wirken und der Athletin zwei wichtige Grundstoffe entziehen: zum einen das wichtige Transport- und Lösungsmittel Wasser und zum anderen die darin gelösten Mineralstoffe.

Alkohol hat sowohl kurzfristige als auch langfristige negative Wirkungen auf den Organismus des Menschen und ganz besonders auf den der sporttreibenden Frau. Alkohol verzögert nach dem Training den Aufbau der Energiereserven in der Erholungsphase.

Dies führt wiederum zu einer mehr oder weniger großen Beeinträchtigung (abhängig von der Alkoholmenge) in der Leistungsentwicklung der Sportlerin. Auch das Argument, Bier enthalte wichtige Kohlenhydrate, ist nicht stichhaltig, da Frucht- und Obstsäfte ein Vielfaches dieser Nährstoffe in sich haben.

- Alkohol als organisches Lösungsmittel beeinträchtigt die Aufnahme von Nährstoffen, vor allem von Vitaminen und Mineralstoffen.

- Ein regelmäßiger Alkoholkonsum widerspricht also einer sportorientierten Ernährungsweise.

5.6 Ausgewogene Ernährung für Triathletinnen

Wir kennen alle die so oft propagierte Ernährungspyramide der Deutschen Gesellschaft für Ernährung (DGE), die von Prozentangaben nur so strotzt. Wer von uns rechnet bei jeder Mahlzeit und Zwischenmahlzeit die jeweiligen Prozentwerte aus? Kein Mensch! Demnach bleiben uns für eine ausgewogene Ernährung einige wichtige Prinzipien, die wir uns merken sollten:

- Zum Sattessen: Kartoffeln, Brot, Reis, Nudeln, Getreide.
- 5 x pro Tag: Obst, Gemüse, Hülsenfrüchte.
- Täglich: Milchprodukte, Käse, Milch.
- 2-3 x wöchentlich: Fisch, Fleisch, Wurst, Eier.
- Selten, sparsam. Öle, Fette, Süßigkeiten.

Wählen Sie Ihre Kost so aus, dass diese abwechslungsreich und möglichst vollwertig ist. Naturbelassene und unverarbeitete Lebensmittel sollte man beim eigenen Speiseplan möglichst bevorzugen. Trotz allem sollten wir keine Religion aus unserer Ernährung machen. Weniger gesunde Lebensmittel sollten nur selten verzehrt werden. Das Gleiche gilt für zuckerhaltige Getränke und Alkohol. Eine ausgewogene Ernährung und ein angemessenes und spaßbetontes Training bilden die wichtigsten Voraussetzungen für eine straffe und gute Figur sowie eine beneidenswerte Fitness!

Damit die Leistungsfähigkeit auch langfristig erhalten bleibt, ist sporttreibenden Frauen eine regelmäßige Blutanalyse zu empfehlen, bei der u. a. zwei wichtige Eisenparameter überprüft werden sollten:

- der Hämoglobinwert (HB) und
- der Ferritinwert.

Der Grund hierfür liegt in den regelmäßigen Eisenverlusten durch die Menstruation. Eine nicht ausgewogene Ernährung kann dann bei Frauen zu ernsthaften Problemen führen, zur Sportmagersucht oder zur so genannten Anorexia athletica.

5.7 Anorexia athletica (Sportmagersucht)

Der Begriff der „Anorexia athletica" (Sportmagersucht) ist dem der Anorexia nervosa (Magersucht) ähnlich. Bei der Anorexia athletica besteht ein Zusammenhang zwischen Sport und einer Essstörung, bei der „normalen Magersucht" liegt das Hauptaugenmerk auf einer ständigen Gewichtsreduktion. Bei der Anorexia athletica erbringen Sportlerinnen hohe körperliche Leistungen und durch eine eingeschränkte Kalorienzufuhr nimmt die Körpermasse ständig ab.

Erfolgreiche, durchtrainierte und schlanke Sportlerinnen, die in den Medien präsent sind, übernehmen oft eine idealistische Vorbildfunktion. Durch Diäten und eine mangelhafte Ernährung versuchen vor allem Frauen, ihren Vorbildern nachzueifern und laufen Gefahr, an Sportmagersucht/Magersucht zu erkranken.

Abnehmkuren und ein übertriebenes Schlankheitsbewusstsein sowie exzessives Sporttreiben tragen dazu bei, dass dem Körper zu wenig Nährstoffe zugeführt werden. Durch diese Mangelernährung kann die Menstruation ausbleiben, des Weiteren bilden sich Stressfrakturen und nach einem längeren Zeitraum tritt sogar Osteoporose (Knochenschwund) als weitere gravierende Folge auf.

Anzeichen für eine Sportmagersucht sind eine gestörte Körperwahrnehmung, d. h., obwohl die betreffende Sportlerin schon sehr schlank ist, findet sie sich selbst immer noch zu dick und versucht, durch vermehrtes Sporttreiben und geringe Nahrungszufuhr weiter abzunehmen.

Ziel sollte es sein, eine Essstörung mithilfe der Familie, der Freunde oder einer psychologischen Betreuung in den Griff zu bekommen, da die Langzeitauswirkungen auf die Gesundheit, wie z. B. Osteoporose oder eventuelle Probleme in der Familienplanung (keine Menstruation, Kinderwunsch bleibt versagt usw.), die Lebensqualität sehr beeinträchtigen können. Grundsätzlich fördert Sport die Knochengesundheit und mindert das Risiko, an Osteoporose zu erkranken, denn durch die mechanische Belastung werden Reize für eine Knochenneubildung gegeben. Dafür ist jedoch eine ausgewogene Ernährung notwendig.

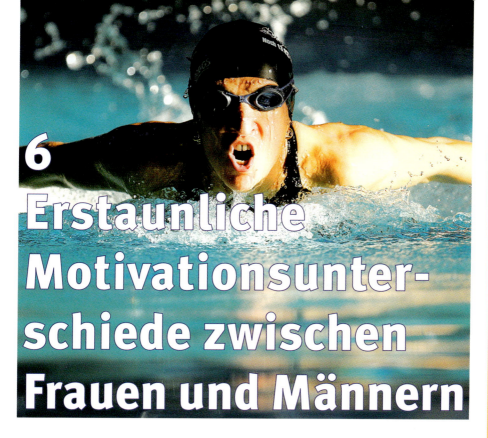

6 Erstaunliche Motivationsunterschiede zwischen Frauen und Männern

Frauen sind anders, Männer auch. Dies zeigt sich auch in den Motivationsunterschieden, wie sich in Marlies' umfangreicher Studie „Motive der Breiten- und der SpitzensportlerInnen im Triathlon. Eine Untersuchung anlässlich des Ironman 2003 in Klagenfurt" herausstellte. Interessant sind folgende Fragen:

- Was sind die Beweggründe, um überhaupt mit Sport zu beginnen?
- Wie lauten die Sporteinstiegsmotive?
- Und wenn damit begonnen wurde, was kommt dann?
- Lässt sich die anfängliche Begeisterung halten?
- Ändern sich die Motive im Laufe der (Sportlerinnen-) Zeit?

Unsere Sporteinstiegsmotive waren Kindheitsträume, denn der Weg zu unseren triathletischen Anfängen war von wahren Hindernissen gekennzeichnet. In unserer Kindheit und Jugend wurden wir in keiner Weise sportlich gefördert. Wir wussten nur, wie der Begriff „Sport" geschrieben wurde. Zwar träumten wir als Kinder davon, ganz schnell

Rad fahren oder laufen zu können, doch die Realität setzte unserer Fantasie Grenzen. Der Sport spielte bei Marlies ab 25, bei Hermann überhaupt erst ab 33 Jahren eine Rolle.

Was sind nun außer „Kindheitsträumen" noch mögliche Sporteinstiegsmotive?

6.1 Die Sporteinstiegs- und Sportfortführungsmotive

Ein wichtiges Sporteinstiegsmotiv für Frauen ist neben dem Stressabbau sicher das Abnehmen. Wenn die Freundin oder Nachbarin sagt: „Mensch, bist du aber dick geworden!", dann schrillen bei vielen die Alarmglocken.

Der gesellschaftliche Dauerbrenner „Schlank sein um jeden Preis" hat allerdings seine Tücken. Hoch motiviert, aber schlecht beraten, wird mit der Brechstange der Fülle an den Leib gerückt. Dass beim schnellen Laufen, Radeln oder Schwimmen viele Kalorien verbraucht werden, ist wohl bekannt. Der Stoffwechsel allerdings wird dabei nicht effektiv trainiert.

Die Folge ist, abgesehen von der falschen Überbelastung der Gelenke und des Stützapparats, in manchen Fällen sogar eine Gewichtszunahme. So passierte es auch einer Freundin, die daraufhin so frustriert war, dass sie den Sport wieder aufgeben wollte. Wir gaben ihr den Tipp, langsamer zu laufen und sich am Anfang nicht zu sehr auf das Gewicht zu konzentrieren. Durch Sport wird zwar einiges an Fett verloren, aber die Muskelmasse nimmt zu. Und Muskeln wiegen bekanntlich mehr als Fett ... So ist es vernünftiger, sich nicht unbedingt auf das Gewicht zu verlassen, welches die Waage anzeigt, sondern auch zu schauen, ob nicht eine Hose an manchen Stellen schon etwas weiter geworden ist.

Nachstehend ist eine Rangliste zu finden, bei der ersichtlich ist, wie sich die Sporteinstiegsmotive und die Sportfortführungsmotive im Ausdauersport unterscheiden können:

Sporteinstiegsmotive	Sportfortführungsmotive
1. Fitness und Gesundheit	1. Freude am Sport
2. Freude am Sport	2. Wohlbefinden
3. Geselligkeit	3. Fitness und Gesundheit
4. Wohlbefinden	4. Erfolg, Leistung, Ehrgeiz
5. Freizeitgestaltung	5. Geselligkeit und Freizeitgestaltung
6. Freude an der Natur	6. Wettkämpfe
7. Ehrgeiz	7. Freude an der Natur

Zum wichtigsten Sporteinstiegsmotiv zählt die „Fitness und Gesundheit", welches bei den Sportfortführungsmotiven an die dritte Stelle abrutscht. Der Grund, dass Fitness- und Gesundheitsmotive mit der Zeit eine geringere Rolle spielen, liegt darin, dass nach einigen Trainingsmonaten gesundheitliche Fortschritte erzielt werden. Die „Freude am Sport" verstärkt sich nach einiger Zeit sogar noch und liegt bei den Sportfortführungsmotiven sogar an erster Stelle. Der Grund hierfür ist darin zu sehen, dass sportliche Betätigung erst dann größeren Spaß bereitet, wenn der Bewegungsablauf besser be-

herrscht wird und automatisiert ist. Dadurch fällt die Ausübung der sportlichen Bewegung leichter.

Unsere individuellen Erfahrungen sahen bei uns gleich aus: Am Beginn unseres Sportlerlebens hatten wir zwar immer unseren „Kindheitstraum" im Hinterkopf, aber so richtig Spaß hat uns das Radfahren zu Beginn nicht gemacht. Die Muskeln und das Gesäß schmerzten, oft wussten wir nicht, wie wir uns auf den Sattel setzen sollten, damit die Beschwerden erträglicher wurden. Nach und nach gewöhnte sich aber auch der Körper an die ungewohnte Bewegung und der Sport machte uns immer mehr Freude.

Das Motiv „Wohlbefinden" liegt bei den Sportfortführungsmotiven an zweiter Stelle, für Einsteigerinnen ist dieses Motiv noch nicht so bedeutsam. Wohlbefinden setzt deshalb ein, da sich anfängliche Verspannungen gelöst haben, und die Arme und Beine nicht mehr so schmerzen wie zu Beginn. Viele Sportlerinnen fühlen sich nach dem Training einfach „pudelwohl".

Die Beweggründe „Erfolg, Leistung und Ehrgeiz" sowie „Wettkämpfe" sind für die schon länger sportlich Aktiven wesentlich wichtiger als für Einsteigerinnen. Das Wettkampfmotiv spielt überhaupt nur bei den Sportfortführungsmotiven eine Rolle. Manche Sportlerinnen werden von ihren Kolleginnen „angesteckt", um sich einmal mit anderen messen zu können und wollen darum bei einem Rennen starten. Ziel ist dabei nicht ein Spitzenergebnis, sondern einfach das Durchkommen. Sie wollen nur das Gefühl erleben, einen Wettkampf erfolgreich beendet zu haben.

6.2 Wie unterscheiden sich Frauen und Männer in ihren Motiven?

Im Rahmen einer Studie von Marlies wurden die TeilnehmerInnen des Ironman 2003 in Klagenfurt bezüglich ihrer Motive befragt. Neben vielen anderen Fragestellungen gab es auch eine, die sich auf die Motivationsunterschiede zwischen Frauen und Männern bezog.

Da sich dieses Buch speziell an Frauen richtet, erscheint es interessant zu erwähnen, wie sich Frauen von Männern bezüglich ihrer Beweggründe unterscheiden.

Insgesamt haben 763 SportlerInnen den Fragebogen ausgefüllt. Der Frauenanteil lag bei 11 %, der Männeranteil betrug 89 %. Für die Untersuchung bot sich der Vortag des Ironmans als Erhebungszeitpunkt an, da sich beim Rad-Check-in eine Warteschlange bildete und so die Zeit für die Fragebogenerhebung optimal genutzt werden konnte.

Bei dieser Erhebung wurden 45 Motive, die für eine Ironmanteilnahme bedeutsam sein können, angeführt. 30 der Beweggründe konnten den Trainings- und 15 den Wettkampfmotiven zugeordnet werden. Diese vielen Beweggründe wurden u. a. zu Motivgruppen wie Attraktivitätsmotive, Gesundheitsmotive und Sozialmotive gebündelt.

Die Motive von Frauen und Männern sind wirklich sehr unterschiedlich und es kam dabei zu einigen überraschenden Ergebnissen:

6.2.1 Die Attraktivitätsmotive

Die Aussagen zu den Attraktivitätsunterschieden waren spannend und hatten mit der Figur sowie mit dem athletischen Aussehen zu tun. Die drei verschiedenen Sportarten Schwimmen, Radfahren und Laufen trainieren den ganzen Körper und einseitige Belastungen werden vermieden. Wer nur läuft oder radelt, vernachlässigt meist das Oberkörpertraining, d. h. Bizeps & Co. werden durch diese Sportarten nicht so richtig gefordert. Beim Triathlon hingegen entwickelt sich vor allem durchs Schwimmen die Oberkörpermuskulatur. Sport gilt auch als „Jungbrunnen" für Körper, Geist und Seele.

Die Aussagen, die zu den Attraktivitätsmotiven gebündelt wurden, waren folgende:

a) Seitdem ich Sport ausübe, gefällt mir meine Figur besser.
b) Der Sport lässt mich jünger aussehen.
c) Triathlon verleiht mir ein athletisches Aussehen.
d) Das Triathlontraining trainiert den ganzen Körper.

Alle vier Beweggründe waren für Frauen wichtiger als für Männer. Das Motiv, durch Sport einen schöneren und athletischeren Körper zu erhalten, ist für Frauen wesentlich bedeutsamer. In ähnlichen Untersuchungen hat sich herausgestellt, dass das Motiv, „einen schönen Körper zu erhalten", für Frauen eine große Rolle spielt.

Punkt c) war für die Triathletinnen von allen vier Aussagen der wichtigste Punkt. Wir hätten gedacht, dass Punkt a) für Frauen relevanter sei, aber das athletische Aussehen stand für die befragten Sportlerinnen im Mittelpunkt.

6.2.2 Die Befindlichkeitsmotive

Diese Motive ergeben sich aus der Verbesserung des Wohlbefindens durch das Training. Wir wissen selbst, dass es hilfreich ist, sich nach einem anstrengenden Arbeitstag aufzuraffen, um entweder eine Runde zu laufen oder einige Kilometer mit dem Rad herunterzuspulen. So beginnen wir das Training zwar in ermüdetem Zustand, wenn wir aber zurückkommen, fühlen wir uns freier und wohler. Wir sind stolz, dass wir uns überwunden haben und losgelaufen oder losgeradelt sind. Während des Trainings haben wir Gedanken ordnen können und gute Ideen für unsere wissenschaftlichen Arbeiten sind uns meist bei einem langen und langsamen Dauerlauf gekommen. Die Gedanken lassen sich während des Ausdauertrainings im Kopf leichter ordnen und wir haben beide das Gefühl, sehr kreativ zu sein.

In weiteren Studien zum Thema „Sport und Wohlbefinden" hat sich herausgestellt, dass das Wohlbefinden bei sportlichen Personen stärker ausgeprägt ist. Frauen mussten allerdings länger als Männer trainieren, damit sich positive Auswirkungen auf das Wohlbefinden zeigten.

Zu den Befindlichkeitsmotiven wurden folgende Aussagen zusammengefasst:

a) Durch das Training kann ich Sorgen und Ängste loswerden.
b) Nach dem Training fühle ich mich wohler.
c) In der Nacht schlafe ich seit meinem Triathlontraining besser.
d) Durch das Training fühle ich mich im Kopf frei und stark.
e) Das Training macht mich leistungs- und widerstandsfähiger.

Alle fünf Beweggründe sind für Frauen wesentlicher als für Männer. Ein interessantes Ergebnis, das wir **nicht** bei ALLEN Motiven vermutet hätten. Es ist nicht so, dass sich Männer nach dem Training unwohl fühlen oder nicht auch Sorgen und Ängste loswerden können, nur Frauen messen diesen Werten eine größere Bedeutung zu.

Frauen fühlen sich durch das Training leistungs- und widerstandsfähiger, was bei der Organisation von Familie, Beruf und Sport sicher von Vorteil ist. Einige unserer Triathlonkolleginnen haben Kinder, und es ist bewundernswert, wie sie das Training neben Beruf und Familie noch unterbringen. Ohne die Unterstützung des Mannes oder des Lebenspartners, der Eltern oder der Freundinnen ist dies meist nicht möglich.

Und wenn diese Sportlerinnen dann dabei sind, einen Jeder-Frau-Triathlon zu finishen, ist fast die ganze Familie zum Anfeuern zur Stelle. Wir wissen aus Gesprächen, wie glücklich diese Sportlerinnen sind, wenn sie bei einem Jeder-Frau-Triathlon das Ziel erreichen. Die Endzeit steht hier überhaupt nicht im Vordergrund, die meisten freuen sich so, als hätten sie das Rennen selbst gewonnen.

Aber auch der Schlaf scheint sich bei Frauen durch Ausdauersport eher zu bessern als bei Männern. Was der Grund dafür ist, lässt sich nicht so einfach sagen. Vielleicht können Frauen Probleme leichter loslassen und schlafen daher besser. Nicht aufgearbeitete oder besprochene Probleme können bekanntlich den Schlaf rauben. Üblicherweise stellt sich durch Sport eine angenehme Müdigkeit ein, was zu einem besseren und tieferen Schlaf führt.

Wie positiv sich der Sport auf die Schlafgewohnheiten auswirkt, konnten auch wir an uns selbst feststellen. Nur die Nervosität vor einem wichtigen Wettkampf und zu viele Gedanken über den Rennverlauf rauben die notwendige Ruhe. Wir teilen höchstens mit Triathlonkolleginnen die Erfahrung, nach einem spätabendlichen Schwimmtraining nicht gleich einschlafen zu können.

Das Schwimmtraining dauert gelegentlich bis 22.00 Uhr, weil die Trainingsgruppen nur zu dieser Zeit Bahnen mit einem Trainer zur Verfügung gestellt bekommen. Unsere Sportkolleginnen nehmen deshalb diese späte Trainingszeit in Kauf, weil gerade beim Schwimmen ein Trainer sehr wichtig ist, damit Bewegungsabläufe korrekt trainiert werden. Der Körper kommt nach dem Training nicht gleich zur Ruhe, viele sprechen davon, dass sie so richtig „aufgedreht" sind, was oft ein Einschlafen erst nach Mitternacht erlaubt.

6.2.3 Die Gesundheitsmotive

Zu den Gesundheitsmotiven wurden verschiedene Aussagen, die gesundheitliche Aspekte betreffen, zusammengefasst. Auch Aussagen nach dem Naturgenuss und der Naturbeobachtung sowie dem Training im Freien wurden dieser Gruppe zugeordnet, da sich „Outdoortraining" gesundheitsfördernd auswirken kann.

Die Gesundheitsmotive umfassten folgende Aussagen:

- a) Ich übe meinen Sport gerne im Freien aus und genieße die Natur.
- b) Einseitige Körperbelastungen vermindern sich bei drei Sportarten.
- c) Seitdem ich trainiere, lebe ich auch sonst gesünder.
- d) Durch den Sport hat mein sexuelles Interesse zugenommen.
- e) Durch den Sport hoffe ich, gesund älter zu werden.
- f) Beim Training im Freien sehe ich mir gerne die Gegend an.
- g) Da ich gesund bleiben möchte, ist Doping für mich kein Thema.

Bei diesem Motivkomplex ist das Ergebnis nicht mehr so eindeutig wie bei den Attraktivitäts- und Befindlichkeitsmotiven, bei denen noch ALLE Beweggründe für Frauen im Vordergrund stehen. Die Tendenz, dass Gesundheitsmotive für Frauen wichtiger sind, zeigt sich zwar auch bei diesem Motivkomplex, aber zwei der sieben Beweggründe sind für Triathleten bedeutsamer als für Triathletinnen. Männer leben seit ihrem Training auch sonst gesünder (c), und das sexuelle Interesse hat durch den Sport verstärkt zugenommen (d). Alle übrigen fünf Motive (a, b, e, f, g) waren aber für das weibliche Geschlecht vorrangig.

Häufig wird Frauen nachgesagt, dass sie mehr Wert auf gesundes Essen und Getränke legen als Männer, aber bei den Triathleten hat sich gezeigt, dass sich seit dem Training ihre Einstellung zur Gesundheit geändert hat. Der Grund dafür könnte sein, dass Männer vorher generell ungesünder gelebt haben und dass durch den Sport sich in dieser Hinsicht einiges verändert hat. Der Körper verlangt automatisch nach „gesünderen" Mahlzeiten; und gesünder leben heißt auch, nicht zu rauchen, Alkohol zu meiden, auf ausreichend Schlaf zu achten und sich Entspannungsphasen zu gönnen.

In unserem Bekanntenkreis hat ein passionierter Schweinebratenesser mit Sport begonnen und nach einiger Zeit war er in zweierlei Hinsicht kaum wiederzuerkennen. Erstens hat er einiges an Gewicht verloren und zweitens gab es ein großes Erstaunen über sein geändertes Lieblingsgericht: Spaghetti. Auf die Frage, was denn mit ihm „passiert" sei, meinte er nur, dass sein Körper jetzt einfach nach Nudeln verlange und dass er mit dieser Ernährung auch eine bessere Leistung bringen könne als mit Schweinsbraten. Aber augenzwinkernd fügte er hinzu, dass er hin und wieder einem kleinen Stück Schweinsbraten doch nicht widerstehen könne und diesen dann mit Genuss verzehre.

Das zweite Motiv, das für Triathleten wichtiger ist, handelt vom verstärkten sexuellen Interesse. Es hat uns nicht überrascht, dass hier das „starke" Geschlecht dominiert, denn es ist bekannt, wie wichtig für viele Männer ein gut funktionierendes Sexualleben ist. Vermutlich hat sich das sexuelle Interesse auch deshalb gesteigert, da sich durch den Sport die Körperformen und auch die Körperwahrnehmung verändert haben und der Wunsch nach körperlicher Nähe größer wurde. In weiteren Untersuchungen hat sich ebenfalls herausgestellt, dass sich durch sportliche Aktivitäten das Sexualleben verbessert und die Menschen wieder mehr „Lust aufeinander" haben.

Für die Triathletinnen waren die „Outdoormotive" mit der Ausübung des Sports im Freien und dem Naturgenuss sowie der Naturbeobachtung wichtiger als für Männer. Sicher bewegen sich auch Triathleten gerne im Freien, aber für Frauen sind diese Punkte bedeutsamer. Das könnte damit zusammenhängen, dass Frauen froh sind, den Beruf und die Familie einmal hinter sich lassen zu können und beim Sport im wahrsten Sinne des Wortes „frische Luft" zu holen.

Frauen sind auch verstärkt der Ansicht, dass durch Triathlon eine einseitige Körperbelastung vermieden wird, und sie hoffen, durch Sport gesund älter zu werden. Frauen interessieren sich generell mehr für Gesundheitsthemen, wie auch in anderen Studien festgestellt wurde, und dies bestätigt sich ebenso in dieser Untersuchung. Bei den Attraktivitätsmotiven hat es sich schon gezeigt, dass für Triathletinnen das athletische Aussehen sehr wichtig ist. Gerade im Triathlon wird durch das Schwimmen die Oberkörpermuskulatur gefordert und so eine einseitige Körperbelastung, wie sie beispielsweise durch alleiniges Laufen entstehen würde, vermieden.

Eine Freundin, die jahrelang nur gelaufen ist, musste auf Grund einer Verletzung mit dieser Sportart pausieren. So stieg sie auf Schwimmen und Radfahren um und konnte durch die beiden alternativen Sportarten ihre Grundkondition recht gut halten. Im Hallenbad schwamm sie nicht nur häufig ihre Bahnen, sondern nahm auch am Aquajogging teil, damit die laufspezifische Muskulatur nicht zu sehr vernachlässigt wurde. Mittlerweile ist sie wieder ganz gesund und läuft wieder bei Rennen mit. Aber sie überlegt sich ernsthaft, ob sie nicht auch bei einem Triathlon starten sollte, da sie auch weiterhin zu ihrem Lauftraining ein wenig Radfahren und Schwimmen trainiert.

Interessant ist der letzte Punkt der Gesundheitsmotive: g) Da ich gesund bleiben möchte, ist Doping für mich kein Thema. Hier ist eindeutig feststellbar, dass für Triathletinnen Doping ein geringeres Thema ist als für ihre männlichen Kollegen. Heißt das, dass Männer eher über Doping nachdenken? Kann es damit zusammenhängen, dass Männer leistungsorientierter sind und auch beim Ironman nach persönlichen Bestzeiten streben? Bei den meisten Frauen steht das Finishen im Vordergrund, nur bei den weiblichen Profis und einigen sehr guten Altersklasseathletinnen wird um den Sieg gekämpft. Männer haben oft auch Wetten laufen, wo es darum geht, vor einem Kollegen ins Ziel zu kommen oder eine bestimmte Zeit zu erreichen. Da kann es schon vorkommen, dass sich der eine oder andere Gedanken über mögliche leistungssteigernde Substanzen macht.

Die Gefahr des Dopings liegt darin, dass gesundheitliche Risiken in Kauf genommen werden und die Folgen für das weitere Leben nicht absehbar sind. Wir sind eindeutig gegen jede Art von Doping und hoffen sehr, dass im Triathlonsport weiterhin mit „sauberen" Mitteln gekämpft wird.

6.2.4 Die Sinn- und Selbstverwirklichungsmotive

Der Motivkomplex „Sinn- und Selbstverwirklichungsmotive" umfasst Aussagen, dass Sport sinnstiftend wirken kann. Uns interessierte vor allem, ob sich eher Frauen oder Männer durch den Sport besser verwirklichen können und bei welchem Geschlecht Trainingserfolge zu einem gesteigerten Selbstbewusstsein führen.

Zu den Sinn- und Selbstverwirklichungsmotiven zählten nachstehende Aussagen:

> a) Durch die Trainingserfolge bin ich selbstbewusster geworden.
> b) Durch das Training kann ich mich selbst besser verwirklichen.
> c) Das Training zählt für mich zu einer sinnvollen Beschäftigung.

Das Ergebnis bei diesem Motivkomplex hätte nicht eindeutiger ausfallen können: Alle drei Beweggründe waren für Frauen wesentlich bedeutsamer als für Männer!

Frauen haben demnach durch Trainingserfolge an Selbstbewusstsein zugelegt, was sicher erfreulich ist, da es im Bekanntenkreis einige Kolleginnen gibt, die über mangelndes Selbstwertgefühl klagen. Was das Selbstbewusstsein betrifft, so können wir auch von uns sagen, dass wir durch den Sport viel gelernt haben. Wir sind beide auf Grund unserer sportlichen Erfolge selbstsicherer geworden und gehen heute aufrechter in den Tag als vor ein paar Jahren.

Das Ergebnis dieser Studie hat uns aber dennoch ein wenig überrascht, denn wir hätten vermutet, dass vor allem Männer durch Trainingserfolge ihren Stellenwert heben wollen. Wenn wir im Hallenbad sind und sehen, wie sich manche Triathleten mit stolz geschwellter Brust präsentieren, dann beneiden wir sie ein wenig um ihre eigene Überzeugung. Wenn diese Triathleten dann noch Trainingszeiten miteinander vergleichen und einer den anderen mit Bestzeiten überbietet, dann zeigt sich schon, dass Trainingserfolge selbstbewusst machen können. Wer dann wirklich der Schnellste ist, wird oft in einem „internen" Wettkampfschwimmen entschieden. Und nicht immer ist der der Gewinner, der vorher mit den schnellsten Trainingszeiten geprahlt hat ...

Frauen können sich durch das Training besser verwirklichen und es bietet zudem eine sinnvolle Freizeitbeschäftigung. Das Ergebnis besagt, dass diese beiden Motive für Triathletinnen wichtiger sind als für ihre männlichen Kollegen. Das soll aber nicht heißen, dass sich nicht auch Männer durch Sport besser verwirklichen können, denn für einige unserer Triathlonkollegen hat sich das Leben durch den Sport sehr stark verändert.

Sie sind selbstbewusster geworden und hatten auch im Beruf mehr Erfolg. Leider rückte schon für manche das Privatleben durch den Sport in den Hintergrund, was zur Trennung von der Familie führte. Aber nicht immer muss es zu einem Beziehungsbruch kommen, wie folgendes Beispiel zeigt:

Ein Bekannter hat Sport als sinnvolle Freizeitbeschäftigung entdeckt und mit Laufen und Radfahren begonnen. Seine Trainings- und Wettkampferfolge haben sein Selbstbewusstsein gesteigert. So hat er sehr stolz publik gemacht, dass er seine Halbmarathon- und Marathonzeiten von Rennen zu Rennen steigern kann. Nebenbei hatte er auch noch mit dem Schwimmen begonnen, da er einmal bei einem Triathlon starten wollte.

Seine Frau versprach ihm, dass sie und die gemeinsamen zwei Kinder ihn ein Jahr lang bezüglich seiner sportlichen Aktivitäten voll unterstützen, aber danach musste das Training wieder auf ein „familienfreundliches" Niveau sinken. So hatte er ein Jahr lang den vollen Beistand seiner Familie und konnte sich gut auf den Ironman vorbereiten. Sein Versprechen mit der „Trainingsreduktion auf familienfreundliches Niveau" hat er gehalten, aber noch heute erzählt er von seinen großen sportlichen Erfolgen.

6.2.5 Die Sozialmotive

Den Sozialmotiven wurden Aussagen, die vom Partner- und Gruppentraining sowie von der familienfreundlichen Gestaltung des Trainings handelten, zugeordnet. Außerdem ging es darum, inwieweit durch den Triathlonsport neue Bekanntschaften geknüpft werden konnten und ob sich einige von Bekannten oder Freunden zum Triathlon motivieren ließen. Hermann, der als „Triathlonpapst" in Deutschland gilt, hat sicher sehr viele Menschen dazu motiviert, mit Sport zu beginnen und sich auch einmal an einen Jeder-Frau-Triathlon zu wagen.

Die Aussagen, die zu den Sozialmotiven gebündelt wurden, waren folgende:

a) Beim Training konnte ich viele neue Bekanntschaften knüpfen.
b) Ich trainiere häufig mit einem Partner.
c) Das Triathlontraining kann familienfreundlich gestaltet werden.
d) Das Gruppentraining spornt mich zu höheren Leistungen an.
e) Meine Freunde/Bekannten haben mich zum Triathlon gebracht.

Die Antworten auf diesen Aussagen fielen erstaunlich klar aus: Alle fünf Motive waren für Frauen wichtiger als für Männer. Das ist wirklich ein sehr überraschendes Ergebnis, denn allein beim Gruppentraining treffen wir immer wieder auf Männergemeinschaften, die sich durch „interne Wettkämpfe" gegenseitig überbieten und sich so gegenseitig zu Trainingshöchstleistungen anspornen.

Bei Frauen steht üblicherweise nicht so sehr der „interne Wettkampfgedanke" im Vordergrund. Wenn Triathletinnen gemeinsam radeln oder laufen, geschieht dies meist in einem Tempo, bei dem noch eine Unterhaltung möglich ist. In anderen Untersuchungen wurde ebenfalls festgestellt, dass die Geselligkeit für Frauen eine größere Rolle spielt als für Männer. Sportlerinnen, die in Gesellschaft laufen, können sich besser austauschen und müssen sich auch weniger vor eventuellen Übergriffen fürchten.

Bei der Fragestellung nach dem Training mit dem Partner haben die Frauen die Vorreiterrolle übernommen. Das Ergebnis war zu erwarten, denn Männer werden üblicherweise nicht so häufig mit ihren Lebenspartnerinnen trainieren können, da die Leistungsdifferenz zwischen den beiden zu groß ist. Eine lockere Ausfahrt für den Mann kann für die Frau Hochleistungstraining sein, das sie grenzenlos überfordert und ihr jegliche Freude am Sport nimmt. Daher ist es verständlich, dass Frauen, die regelmäßig trainieren, häufiger mit ihrem Partner gemeinsam Sport ausüben können als umgekehrt.

Die Frage, ob durch das Training viele neue Bekanntschaften geknüpft werden können, haben auch die Triathletinnen mehrheitlich bejaht. Die Sportart Triathlon muss bezüglich der sozialen Kontakte sehr kritisch hinterfragt werden, da auf Grund der hohen Trainingsumfänge Freundschaften und Beziehungen vernachlässigt werden. Die drei Sportarten ziehen einen hohen Trainingsaufwand nach sich, und es ist schwer möglich, „außerhalb der Szene" Kontakte und Freundschaften zu pflegen. Diese Isolation vollzieht sich schleichend und wird den Athletinnen meist erst dann bewusst, wenn sie diesen Sport beenden.

Wir versuchen beide, auch „außerhalb der Szene" Kontakte zu pflegen, denn es ist sehr wichtig, dass auch andere Themen wie Triathlon, Wettkämpfe usw. im Leben eine Rolle spielen.

Dass Frauen behaupten, dass das Triathlontraining familienfreundlich gestaltet werden kann, ist ein sehr interessantes Ergebnis: Wir haben vermutet, dass Männer eher diese Aussage positiv beantworten. Aus Gesprächen mit Triathletinnen wissen wir, dass es sehr schwierig ist, neben Beruf und Familie regelmäßig zu trainieren. Meist funktioniert es dann recht gut, wenn der Lebenspartner die sportlichen Aktivitäten der Frau unterstützt. Ein uns bekanntes Ehepaar hat die „Familien-Beruf-Sport-Situation" so geregelt, dass sie sich jährlich bei ihren sportlichen Aktivitäten abwechseln. Während die Frau am Rennen teilnimmt und das Training intensiviert, widmet er sich dem Familienleben. Das darauf folgende Jahr ist es dann umgekehrt.

7 Wie geht es weiter?

*Der Langsamste,
der sein Ziel nicht aus den Augen verliert,
geht immer noch geschwinder,
als der ohne Ziel umherirrt.*

(Gotthold Ephraim Lessing)

Nach den ersten Trainings- und Wettkampferfolgen stellt sich die Frage, wie es weitergehen kann. Was sind die nächsten Ziele, wohin führt der Weg?

Wenn Ziele gesetzt werden, dann ist das eine sehr gute Motivation zum Training. So kann jede Triathletin für sich Ziele formulieren und versuchen, diese umzusetzen. Die Einsteigerin wagt sich vielleicht an die olympische Distanz heran, fortgeschrittenere Athletinnen versuchen sich über die Mitteldistanz oder wollen sogar einmal einen Ironman finishen.

Wir wünschen Ihnen am **Ende** dieses Buches vor allem eines nicht, dass Sie „am **Ende**" sind, sondern viel Spaß, Erfolg und Freude bei allen Ihren Vorhaben.

Anhang
1 Weiterführende Literatur

Aaken, E. (1985): Grundsätze der schonungslosen Therapie: Dauerlaufen als Alternativ-Medizin. In: Weber, A. (1985): *Gesundheit und Wohlbefinden durch regelmäßiges Laufen.* Junfermann, Paderborn.

Aschwer, H. (2006). *Einfach fit – Die 2 %-Formel.* Meyer & Meyer, Aachen.

Aschwer, H. (2006): *Triathlontraining. Vom Jedermann zum Ironman.* 7. Auflage. Meyer & Meyer, Aachen.

Aschwer, H. (2001): *Handbuch für Triathlon.* 5. Auflage. Meyer & Meyer, Aachen.

Aschwer, H. (2002): *Triathlon für Master.* Band 1. Meyer & Meyer, Aachen.

Aschwer, H. (1997): *Ironman – Der Hawaii-Triathlon.* Meyer & Meyer, Aachen.

Aschwer, H. (1986): *Mein Abenteuer Hawaii-Triathlon.* Meyer & Meyer, Aachen.

Aschwer, H. & Himmerich, C. (2004): *Gymnastik für Kids.* Meyer & Meyer, Aachen.

Buskies, W. & Tiemann, M. & Brehm, W. (2006): *Rückentraining sanft und effektiv.* Meyer & Meyer, Aachen.

Cooper, K. (1994): *Dr. Cooper Gesundheitsprogramm. Bewegung, Ernährung, seelisches Gleichgewicht.* Droemer, München.

Foster, J. & Porter, K. (1987): *Mentales Training. Der moderne Weg zur sportlichen Leistung.* BLV, München, Wien, Zürich.

Galloway, J. (2000): *Richtig laufen mit Galloway.* Meyer & Meyer, Aachen.

Kreitz, S. (1996): *Marathon im Lebenslauf. Eine empirische Untersuchung.* Tischler, Berlin.

Lutz, R. (1989): *Laufen und Läufererleben. Zum Verhältnis von Körper, Bewegung und Identität.* Campus, Frankfurt am Main, New York.

Penker, M. (2004): *Motive der Breiten- und der SpitzensportlerInnen im Triathlon: Eine Untersuchung anlässlich des Ironman 2003 in Klagenfurt.* Klagenfurt, Dissertation.

Penker, M. (Ausgaben 5/05, 7-8/05, 9/05): Was treibt die Menschen? Motive im Triathlon (Teil1). Motive im Triathlon (Teil 2): Zwei repräsentative Interviews. Motive im Triathlon (Teil 3): Die Umfrageergebnisse. Aachen, *Condition*.

Podolsky, A. (2006): *Gesundheitliche Aspekte im Frauenleistungssport.* ASVÖ, Wien.

Rümmele, E. (1988): Grenzerfahrungen im Sport. In: Schulke, H. (1988): *Alltagslauf als Aufbruch.* Putty, Wuppertal.

Steffny, M. (1985): Dauerlauf – ein vortrefflicher Frauen-Sport. In: Weber, A. (1985): *Gesundheit und Wohlbefinden durch regelmäßiges Laufen.* Junfermann, Paderborn.

Strunz, U. (2000): *Forever young – Das Leicht-Lauf-Programm.* Gräfe & Unzer, München.

Treutlein, G. (1988): Bewusstes Laufen: Ein Beitrag zu körperlichem und seelischem Wohlbefinden. In: Schulke, H. (1988): *Alltagslauf als Aufbruch.* Putty, Wuppertal.

www.HermannAschwer.de   www.Marlies-Penker.at

2 Bildnachweis

Coverfoto: dpa Picture-Alliance GmbH

Fotos Innenteil: S. 3 5, 9, 41, 43, 47, 56, 61, 70, 85, 98, 105-115, 132, 136, 153, 159: Hermann Aschwer
S. 10 links: Holger Treven, rechts: Hannes Blaschke
S. 15: taxofit
S. 11, 123: Pepi Kuess
S. 17, 83, 96, 146: Christopher Micheli
S. 21: Markus Nieländer
S. 3, 25 oben: 68, 143: Anita Lenti
S. 25 unten, 50: skinfit
S. 28: Xterra
S. 3, 30, 127, 145: Roy Hinnen
S. 32, 33, 38, 58, 131 unten, 158: Torsten Chrzanowski
S. 35: Reiner Mross
S. 48, 80, S. 118, 137: Stefan Schwenke
S. 64: oben + unten: ergomo
S. 73, 139, 142, 155: Thorsten Frahm
S. 76/77: TVB PillerseeTal
S. 88: Michael Heupel
S. 131: Getty images
S. 148: Helga Esser

Covergestaltung: Jens Vogelsang, Aachen